高等教育機関の発展

グローバルな視点からのアプローチ

D・ガマゲー　植山剛行 著

植山剛行 訳

大学教育出版

はじめに

　本書は、日本大学本部の2006年度補助金による「日本の私立大学学生の社会生活とアカデミック・ライフの質に関する共同研究プロジェクト」の成果の一部である。この共同研究のため、オーストラリア、ニューキャッスル大学のデイヴィッド・ガマゲー教授を中心として高等教育の発展について討論した折に準備していただいた論文の中の、特に高等教育の発達と現代の組織的課題に関連する論文に、訳者と共同発表したアメリカ高等教育、大学の学生サービス、戦略的リーダーシップに関する論文を加え、『高等教育機関の発展：グローバルな視点からのアプローチ』として本書にまとめた。本書は、ヨーロッパ、中東、アジアの歴史的文脈を踏まえ、現代の高等教育機関の組織的特徴を分析し、組織による質の保証の問題とその解決手段に焦点を当てた。高等教育機関の組織改善、教育・研究の質の改善に向けた取り組みを行っている大学関係者、また、広く高等教育の歴史的発展に興味のある方々にご購読いただければ幸いである。

本書の特徴

　本書の特徴の一つは、スリランカ人（現在はオーストリア国籍）であるガマゲー教授が、スリランカ、イギリス、オーストラリアでの学究経験に加え、スリランカやオーストラリアの高等教育機関の行政経験、講演に赴かれたヨーロッパやアジアの多くの大学での観察を通して、高等教育の組織を広範な視野から分析しており、ヨーロッパやアメリカの高等教育研究者とは異なる視点を提供している点であろう。

　もう一つの特徴は、全体的に、高等教育機関という組織に焦点を当て、歴史的認識をもとに現在の高等教育の課題・問題に切り込んだ点である。過去の取り組みを知ることで、また、どのような理由で現在に至っているかを知ること

で、新たな問題解決の視点を提供できると考えた。

さらに、著者が試みた高等教育のグローバルな視点からのアプローチは、地球的規模の高等教育の発展が、単一的でなく、複合的な要素によってなされてきた事実を再確認する。これはまた、現在のグローバル化の流れの中で、基準と認証評価を重視する動きと、各国の文化・政治・経済的背景を考慮した、効果的な高等教育の組織づくりのあり方を考察する上でも役立つのではないかと考える。

本書の構成

本書は、全体を2部構成とした。第1部では、第1～5章までを高等教育への「世界的視野からのアプローチ」としてまとめた。第2部にあたる第6～9章までは、高等教育の「質の保証の問題と課題」として整理した。

第1部の最初に、古代社会に存在した高等教育の中世の高等教育への影響、そして中世の大学の現代の大学への影響をそれぞれ第1章と第2章に位置づけたあと、現代の高等教育機関に大きな影響を与えたイギリスの高等教育制度の戦後の取り組みを第3章にもってきた。第4章には、イギリスの影響を受けつつも高等教育拡大に独自に取り組んでいったオーストラリアの高等教育制度の改革についての論文を置いた。第5章には、ヨーロッパからの歴史的発展を受容し、20世紀最大の高等教育制度を構築してきたアメリカ合衆国の例を持ってきた。

第2部では、総じて組織による質の保証の問題を中心に構成した。最初の章では、第1部のイギリス、オーストラリア、アメリカの高等教育機関の課題を受けて、現代の大学における戦略的リーダーシップと戦略的プランニングの論文を持ってきた。第7章は、高等教育の質の保証への取り組み方法とその世界的動向、第8章には、質の保証に関連して、大学の学生サービスの重要性を扱った論文を、関連論文として整理した。第9章は、博士論文指導に関する論文である。これも教育の質の一環であることから、大学の質の保証の一部として位置づけた。

各章の内容

　第1章の古代と第2章の中世の高等教育の発展について、ガマゲー教授は、独自の視点から分析している。中世の大学の発展に大きく影響した古代社会の高等教育機能を、中東とインドに見いだし、中世でのスリランカにおける高等教育機能の発展を指摘する。第3章は、イギリスの高等教育の展開を扱い、オックスフォード大学とケンブリッジ大学に代表される中世以来のイギリス高等教育の伝統と大衆高等教育への移行に関連するイギリスの苦闘を描いている。第4章では、1980年代以降の、オーストラリアの高等教育が直面した改革を組織運営の観点から分析している。第5章は、植民地時代から現代までの高等教育の発展段階に沿って、アメリカ高等教育を歴史的に分析し、大学が直面する今後の課題について論じている。

　第2部の第6章では、第1部のイギリス、オーストラリア、アメリカの高等教育機関の課題を受けて、戦略的リーダーシップと戦略的プランニングの特徴、高等教育機関への応用の根拠、その応用の手順について論じている。第7章では、質を重視する特徴を持つTQM（Total Quality Management）の概念を、高等教育に適応した場合の質の保証の考え方を主に論じている。第8章では、大学が提供するサービスに対する学生の見方がサービスの質に影響し、彼らの全体的な満足度に影響し大学のイメージに結びつく点を、タイの調査結果と先行研究結果をもとに論じている。第9章は、ガマゲー教授の経験に基づいた博士論文指導についてである。包括的ではあるが、具体的示唆も含め論じている。論文博士と学術博士の質や基準が混在する日本の博士論文指導の現状に、示唆してくれるものは大きい。

謝　　辞

　翻訳する計画が2009年やっと本格的に実現できる目処が立ち、安堵する思いであった。ドラフト作成の段階から、多くの方々の協力を得て作業を進めることができた。難解な箇所をいく度となくガマゲー教授に確認していただいたが、その都度時間を割いてご返答をいただいた。このことが私にとっての励みとなり、また内容理解を深めることにもつながった。まず、ガマゲー教授にお礼申し上げる次第である。翻訳についても、友人である多くの先生方にお世話になった。特に、日本大学教授・羽田積男先生、同じく円居総一先生、元日本大学教授・寺田篤弘先生、岩崎輝行先生には、貴重な示唆をいただき感謝に耐えない。

　ノース・カロライナ大学のジェームス・ニーバス（James Nebus）教授、奥様のパトリシア（Patricia）さんには、英語の表現を確認する上でご協力いただいた。奥様には外国語の発音表記などについてもご指導いただいた。また、約2カ月に及ぶアメリカ滞在中、ギャリー・ウワナウイッチ、ナンシー・マークス（Gary Uwanawich and Nancy Marks）夫妻、ジェームス、パトリシア・ニーバス夫妻のおかげで、翻訳に集中できる環境の中で作業を進めることができた。この場を借りてお礼申し上げる次第である。

　さらに、学術書の出版が厳しい昨今、本書の重要性を認めてくださり出版を可能にしてくださった大学教育出版の佐藤守社長には、感謝に耐えない思いである。また、編集の労を取ってくださった安田愛さんにも、この場を借りて心からお礼申し上げる。

　翻訳にあたり、著者の意を可能な限り表現するように努めたつもりではあるが、日本語文としてそぐわない箇所や難解な箇所があるかもしれない。翻訳者の力不足によるものであり今後の課題としたい。

最後に、本書は、日本大学本部の「外国人教授招聘助成金」の援助なくしては実現しなかったことを付記しておきたい。

2012年7月
　　　　　　　　　　ブルネイ王国、バンダ・スリ・ブガワンにて　植山剛行

高等教育機関の発展
―グローバルな視点からのアプローチ―

目　次

はじめに ………………………………………………………………… *i*
    本書の特徴　*i*
    本書の構成　*ii*
    各章の内容　*iii*

謝　辞 …………………………………………………………………… *iv*

第1部　世界的視野からのアプローチ

第1章　知的交流と伝達に支えられた古代の高等教育 ………………… *2*
    はじめに　*2*
    1. 背景　*3*
    2. 古代社会における高等教育の発達　*3*
    3. 高等学問の中心地、タキシラ　*7*
    4. ナーランダ大学　*8*
    5. ギリシャ・ローマ人とインド・ペルシア人の出会い　*10*
    6. インダス渓谷の教育機関のスリランカへの影響　*12*
    7. アラブ民族の学問　*13*
    8. 古代の大学と中世の大学との関連　*15*
    おわりに　*16*

第2章　中世の大学の発展と近代の大学への影響 ……………………… *18*
    はじめに　*18*
    1. 中世の大学誕生の背景　*19*
    2. サレルノの医学校　*20*
    3. 学生の大学ボローニャ　*21*
    4. パリ、教授たちの大学　*23*
    5. オックスフォード大学　*25*

6. ケンブリッジ大学　*27*
　　7. スコットランドの大学とエディンバラ大学　*28*
　　8. ドイツの大学　*29*
　　9. ライデン大学　*31*
　　10. 中世スリランカの高等教育機関　*32*
　　11. 中世の大学の近代の大学への影響　*33*
　　おわりに　*35*

第3章　高等教育拡大にともなう英国の経験 …………………………… 39
　　はじめに　*39*
　　1. 第2次世界大戦終結直後の大学　*40*
　　2. 英国の高等教育制度の成立　*41*
　　3. ロビンズ報告書とその影響　*41*
　　4. 高等教育の二重制度　*43*
　　5. 国によるコントロールの出現（1979-1996）　*45*
　　6. 英国高等教育の構造的変化　*47*
　　7. 英国高等教育制度設立に向けた最後の段階　*48*
　　8. 中央統制のインパクト　*49*
　　9. 英国の大学とインテレクチュアル・ライフ　*50*
　　10. ロンドン・オックスフォード・ケンブリッジ軸　*52*
　　11. 現在の状況　*53*
　　おわりに　*54*

第4章　オーストラリアの大学改革 ……………………………………… 55
　　はじめに　*55*
　　1. マス高等教育からの挑戦　*56*
　　2. 政策・財政に関する最近の改革　*57*
　　3. 大学のガバナンス　*59*
　　4. 高等教育の経営主義　*62*
　　5. 政府コントロールか大学自治か　*63*

6. 産業との関係　　65
　　7. 意思決定構造に関わる最近の改革　　66
　　おわりに　　68

第5章　アメリカ高等教育の挑戦と今後の課題 …………………………70
　　はじめに　　70
　　1. イギリス・モデルを基礎にした高等教育の萌芽　　71
　　2. ドイツの影響による方向性の変化　　74
　　3. 地域サービスと強力な行政的リーダーシップ　　75
　　4. 学問の自由　　76
　　5. 急激な成長と現代の状況　　77
　　6. 現代の問題と挑戦　　78
　　7. 共通に見られる動向　　83
　　おわりに　　87

第2部　質の保証の問題と課題

第6章　大学のための戦略的リーダーシップとプランニング ………………90
　　はじめに　　90
　　1. 戦略的リーダーシップの世界的動向　　92
　　2. 大学指導者に対する効果的実践の採用の奨励　　94
　　3. トップ・リーダーシップの自治と権限拡大の効果　　94
　　4. 組織リーダー任用に関する現在の動向　　95
　　5. 戦略的プランニング　　98
　　　（1）プランニングの重要性　　99
　　　（2）戦略的プランニング　　101
　　6. 戦略を組み立てる際の異なる見方　　102
　　　（1）プランニングの見方　　102

　　　　（2）論理にもとづく修正循環的な見方　*103*

　　　　（3）政治的な見方　*103*

　　　　（4）文化的な見方　*103*

　　　　（5）先見的な見方　*104*

　　　　（6）自然選択的な見方　*104*

　　7. 戦略的計画の立案　*104*

　　8. 戦略的計画の立案・実行過程　*105*

　　　　（1）「組織のミッション」に反映される「共有ヴィジョン」の形成　*105*

　　　　（2）組織目標の設定　*106*

　　　　（3）戦略の組み立て　*107*

　　　　（4）戦略プランの実行　*107*

　　　　（5）進捗状況のモニタリングと評価　*108*

　　おわりに　*109*

第7章　TQMの高等教育への応用とその影響　　*110*

　　はじめに　*110*

　　1. トータル・クォリティー・マネジメント　*111*

　　2. 高等教育への適用　*112*

　　3. TQM実行過程で直面する諸問題　*112*

　　　　（1）学問の自由と個人の責任　*113*

　　　　（2）カレッジと大学の父親的温情主義の伝統　*113*

　　　　（3）プロフェッショナリズムへの要求　*114*

　　　　（4）組織文化を変えるためのうんざりする仕事　*114*

　　　　（5）質の測定の難しさ　*115*

　　4. どのようにTQMが高等教育に影響したか　*115*

　　5. サービスの質と顧客の満足度　*118*

　　6. 世界的動向　*120*

　　　　（1）アメリカ合衆国　*121*

　　　　（2）ヨーロッパ　*121*

　　　　（3）日本　*122*

（4）英国　*122*

　　　（5）オーストラリア　*122*

　　　（6）アジア・太平洋地域　*123*

　　　（7）香港　*124*

　　　（8）シンガポール　*124*

　　　（9）タイ国　*125*

　　7. 報告されているTQMの応用の利点　*125*

　　おわりに　*126*

第8章　大学のイメージ改善に寄与する学生サービス………………*128*

　　はじめに　*128*

　　1. 学生から見たサービスの質の側面　*129*

　　2. サービスの質に対する学生の総合的満足度　*130*

　　3. 学生の総合的満足に影響する重要な諸要因　*131*

　　　（1）アカデミックの側面　*131*

　　　（2）アカデミック以外の側面　*134*

　　　（3）施設の側面　*138*

　　4. 総合的満足に対する学生の見方と学生個々の特性　*140*

　　　（1）学年による違い　*140*

　　　（2）学問分野による違い　*141*

　　　（3）大学の所在による違い　*141*

　　5. 学生個々の特性と総合的満足度との関係　*142*

　　おわりに　*143*

第9章　優れた博士論文作成に向けた指導　………………………*146*

　　はじめに　*146*

　　1. トピックの選択　*147*

　　2. 関連研究分野の文献精査　*150*

　　3. 博士候補生の割り当てと指導教官　*151*

　　4. 学生との最初の面談と指導　*152*

5. 研究計画に対する初期の指導　*153*
6. 研究計画作成の策定と論文構成に向けた準備　*153*
7. 参考文献表・引用のスタイル　*158*
8. 人間研究倫理委員会への承認請求　*159*
9. 論文中の各章の草稿　*159*
10. 論文審査官の任命　*160*
11. 審査のための論文提出　*161*
12. 口頭試問　*161*
13. 審査結果の公表　*162*

おわりに　*162*

参考文献……………………………………………… *164*

著者紹介……………………………………………… *180*

第1部

世界的視野からのアプローチ

第1章

知的交流と伝達に支えられた古代の高等教育

はじめに

　大学や、大学が育てた主知主義（Intellectualism）は、特にヨーロッパでの現象である。現代の世界の科学的文化、自然科学を導く科学的調査・研究や訓練された思考の習慣、産業社会の成長に必要な技術の文明は、中世の大学で形成された。中世には、立憲君主政体、国会、陪審員による裁判、カソリック教会が設立されたが、大学もまた、中世に作られた偉大な制度の一つであった（Eby & Arrowood, 1940）。それでも、中世ヨーロッパの大学は、古代世界やイスラム世界から多くを借用したことも認められるところである（Heer, 1962）。しかし、いくつかの研究は、成人教育の起源においてアジアとの関連を評価しているとは言え、これがどのように生じたのか歴史をさかのぼり具体的に検証する試みはなされていない（Fletcher, 1968）。したがって、本章は、古代に発展した高等教育機関を検証しながら、これらの高等教育機関が、中世のヨーロッパの大学にどのような影響を与えたのか考察する。

1. 背　　景

　先例のない現代文明と教育の発達は、避けられないほど現在を過度に強調しすぎており、我々の過去の歴史の価値をその重要性において過小評価している。しかし依然として、過去に現代を関連づけることなしに、現代を理解することは困難である。歴史研究者は、大学の起源、大学の権威や独立性の特質を長期にわたり考察してきた。大学の起源を覆い隠す不明瞭な箇所を、しきりに埋めたがっている想像に富む研究者たちは、根拠をもとに証拠を作り出してきた。しかしながら、そのような証拠から初期の大学は創造されたのではなく、その時代の精神的、知的、社会的エネルギーによって自然発生的に成長したと捉えられてきた。もし我々が、現代の高等教育の革新を検証し、古代や中世の時代の理論や実践と比較するなら、その多くが古代や中世に提供され、あるものは創設され、あるものは実施され、あるものは放棄されたことがわかる。これらのモデルや実践に細心の注意を払った検証は、おそらく高等教育の分野において新しい発見はほとんどないという結論を導くかもしれない。しかし、だからといって、我々は、歴史的観点に立った適切な理解なしに、中世や現代の大学モデルや大学の実践を理解できるとは言いがたい。

2. 古代社会における高等教育の発達

　文字の発明とともに、我々は、進歩における人間の苦闘のドラマをより明瞭にそしてより詳細に見ることができる。このドラマの場面は、チグリス・ユーフラテス川の偉大な渓谷（Tigris-Euphrates）、ナイル川（Nile）、インド・ガンジス川（Indo-Ganges）、黄河（Yellow River）に明らかである。チグリス川とユーフラテス川の谷間で培われた精神文明は、当時メソポタミア（現在のイラク）として知られ、その精神文明の根本的性質とそれに調和した教育の仕組みを創造した。すなわち、これは、青年に基礎的な価値観を永続し伝達する目的で作られた仕組みであった。この教育システムは、実用的で聖職者によっ

て支配され管理されていた。メソポタミアでは、紀元前2000年以前に、学校が存在していたことが知られている。学校では、シュメール語とセム語が教授され、文法書や辞書が使われていた。初等教育（形式的な）の後、子どもたちは、寺院に接続し設備のより整った図書館のある高等学校かカレッジに進学した。天文学、建築学、医学、工学が科目として教授された。また、聖職者の道を歩みたい者には、伝承（lore）や儀式（rituals）の課程が用意されていた。卒業後、若者は自ら選んだ専門分野の教師（Master）の下で、インターンシップを経験しなければならなかった。古代シュメール帝国の重要な2つの都市はバビロンとアッシュールである。バビロン帝国の最も強力な支配者の1人がハムラビ（Hammurabi）であり、彼のリーダーシップの下で、シュメール諸法が収集され成文化された。これは、現在人類にとって最古の法体系として知られている（Frost, 1973）。

　ナイル渓谷での教育は、その文化を形成した過去の価値観を永続させることを目的とした。同時に、青年にその文化の中で有効に生活できるよう準備することも目的としていた。考古学的な発掘は、人間の生活が制度化された最も早い時期の重要な発展が、約6000年前にエジプトで始まったことを示している。ここでは、人間の経験がますます増加し複雑化し、これが正義、真実、公平、善悪の道徳的区別の最初の考え方、特性の考え方、良心の判断の考え方を生んだ。これらの考え方は最初東洋に、その後西洋に伝えられた（Eby & Arrowood, 1940）。エジプトに多く保存されていた絵画、彫刻、文書、建物、墓は、3000年の間、人間の発展が活気にあふれたドラマであったことを示している。年代順にみると、エジプトの歴史は、①先史時代、②古王国時代、③中王国時代、④新王国時代、⑤デルタ王朝（末期王朝時代）、⑥その後の歴史の、6つの時代に区分される。

　紀元前3787～紀元前1580年までの中王国時代には、ちょうど子どもが成長するように、教育は、より計画的で構造的な教育プログラムへ移行した。教育制度の頂点には神殿を中心とした高等教育が存在した。初等・中等教育を終えた者だけが、高等教育機関での教育を認められた。フロスト（Frost, 1973）によれば、これらの学校は、現在の大学院に似ていたという。才能のある若者たちは、当時知識の最先端の研究として認められていた分野で研究を行って

いた。たびたび神殿学校（temple schools）の卒業生は研究分野の発展に貴重な貢献をした。建築、灌漑、死体の防腐処置、著述方法（Means of Writing）において、エジプト人は最も優れたレベルに到達した（Frost, 1973）。エビとアロウッド（Eby & Arrowood, 1940）によれば、発掘で、執権職にある教授（regency professors）の名簿と一緒に、エジプトの言葉で大学を意味する「ハウス・オブ・ライフ」（House of Life）と書かれたレンガが、崩れた建造物から発見された。

　中国の黄河文明は先史時代にさかのぼるが、紀元前1200年より前の信頼できる記録は見つかっていない。その一方で、信頼できる歴史は、紀元前7世紀以降のものである。紀元前617年頃創設された教育制度は、20世紀まで実質的変化なく残った。この伝統によれば、中国の教育には、初等教育機関、国立学校（academy）、試験制度として知られた3つのレベルがあった。中国の教育目的は、過去を保護すること、画一性の達成を目標とする伝統に影響するものを維持することであった。それは、固定的で、祖先が優位に立つ、家柄に規制された、極端に形式を重んずるものであった。公教育制度は存在しなかったが、国は国立学校によって訓練された者たちのための試験制度を管理し、制度全体をコントロールした。能力の劣る者を取り除くために2つの予備試験が行われていた。そして、この試験を受験することができるだけの経済的余裕があり、かつ試験に合格した者は、階級に分ける一連の3つの試験に進んだ。合格した試験のレベルによって、合格者には国での地位が与えられた（Frost, 1973）。

　12世紀の間、社会的身分は、財産よりも地位に対する資格によって決定され、合格した試験を土台にしてできあがったといわれている。4番目の試験は、3番目の試験に合格した少数の者のみに門戸が開かれ、博士の学位を獲得することができた。彼らは、最上の学者（Master Scholars）として栄誉を授けられ、皇帝に助言するため帝国閣僚の一員となる資格が与えられた。これは、中国人が達成することのできる最高の栄誉であると考えられた（Frost, 1973）。このような文民奉仕のための試験制度は、紀元前2255～紀元前2205年まで中国を統治した舜皇帝によって創設されたと、孔子は伝えている（Fletcher, 1968）。孔子の哲学の最も重要な教義の一つである、政府の仕

事は生まれや財産のような偶然に委ねられるべきではなく、学識に委ねられるべきである、という教義を守っている。現在、試験や試験を基礎にした功労に対する賞は、常に大学生活の中で基準（standards）を決める重要な尺度（criterion）となっていることは、皆が認めるところである。

インダス渓谷の文明の荘厳な遺跡は、シンド地方［パキスタン：訳者注］のモヘンジョダロやプンジャブ地方［同じくパキスタン］のハラッパで発見されている。この考古学的発掘の責任者であったチャイルド（Childe, 1943）は、この遺跡が文明の概念に革命を起こしたと言っている。彼は、この2つの場所で見つかったものは、文明の初期のものではなく、すでに長い歳月を経た、何千年もの人類の努力と共にインドの土壌に築かれたものであると断言した。この点を考慮すれば、インドは、ペルシャ、メソポタミア、エジプトと共に、文明のプロセスが始まり発達した最も重要な地域の一つとして認められなければならない。もう1人のインド学者、トーマス（Thomas）（1891：1960年出版のNehruの著書より引用）は、教育はインドでは珍しいものではなく、学習の喜び（Love of Learning）がこんなに早い起源を持ち、永続的で強力な影響を発揮した国は他にないことを確信した。アーリア人の時代（Vedic Age, 紀元前1500年頃：訳者注）の簡素な詩から現在のベンガルの哲学者まで、教師と学者による継承が途切れることなく存続していることは明らかである。

マクドネル（MacDonnell）（1960年出版のNehruの著書より引用）は、彼の著書『サンスクリット詩による著述の歴史』（History of Sanskrit Literature）の中で、全体としてインド学問の重要性は、その独創性であると述べている。紀元前4世紀にギリシャがインドを侵略する時まで、インド人は外国文化に影響されない民族特有の彼ら自身の文化を持っていた。マクドネルは、長期にわたり中断されることのない発達を通して、言語、文学、社会の慣習をさかのぼることができる国は、中国を除いてほかにないと強調している。高等教育の研究で名声のあるもう1人の研究者は、フレッチャー（Fletcher）である。彼（1968）は、紀元前1500年頃に始まったと考えられているインドの「フォーレスト・アシュラムズ」（Forest Ashrams）は、最初の高等教育機関であると主張する。彼はまた、これは、その目的やねらいからして、ヨーロッパの大学の概念に非常に近いと言ってよいとし、フォーレスト・アシュラムズが、ヨー

ロッパ中世の大学の先駆けであるという見解を示した。

　初期のアーリア民族が残した偉大な文字の記録、リグ・ベーダ（Rig Veda）[1]が書かれたとき、フォーレスト・アシュラムズはすでに存在した。教師たちは、人々の居住地域から遠く離れた森林を切り開いた場所に退いた。この隠居所で、彼らは哲学的な討論や黙想の生活を送り、彼らに学びたいと望む青年たちがそこに集まった。フォーレスト・アシュラムズでは、哲学や宗教の真理の理解には、静穏、平和、余暇が本質的なものであると考えられた。

　ラビンドラナサ・タゴレ（Rabindranath Tagore）によって創設されたベンガルのサンチネケタン大学（University of Santineketan）は、古代インドの高等教育の伝統に強く影響を受けた。フォーレスト・アシュラムズのほかにも、古代には大学として名声を得ていた、成人のための優れた高等教育のセンターが存在していた。インド・ガンジー渓谷の古代遺跡の中で、考古学者によって発見された高等教育機関には、紀元前7世紀のタキシラ（Taxila）、紀元前5世紀のナーランダ（Nalanda）、紀元前7世紀のバラビ（Valabhi）、紀元前8世紀のビクラマシラ（Vickramasila）などが存在する（Wheeler, 1968）。これらの大学のいくつかの側面を、さらに詳細に検証することは、この研究において重要である。

3．高等学問の中心地、タキシラ

　最古の最も重要な高等教育の中心地はタキシラであった。タキシラは、ラワルピンディ（Rawalpindi）の西20マイルに位置し、バルアトハ（Bharatha）が創設したとされている。その名前は、彼の息子、タクシャ（Taksha）の名前から付けられた。その後、タキシラは、ガンダーラ州の州都となり、紀元前7世紀までは、インド中の学者を魅了する学問の中心地として名声を得ていた。学生は、16歳になると、7〜8年間の教育を受けるためにタキシラに集まった。多くの有能な教師によって個人ベースで教授され、タキシラの名声は彼らの学識に支えられていた。講座は、軍事学、天文学、占星学、医学、ベーダ文法学、ギリシャ芸術、ギリシャ戦記など18の人文科学と特殊技術の

講座からなっていた。古代世界の偉大な文法家であったパーニニ（Panini）、仏陀（Lord Buddha）の時代に医学と外科医学で高名であったジーワカ（Jeewaka）、有名な政治哲学者で『アルタシャーストラ』（Arthasasthra）の著者チャナクヤ（Chanakya）は、タキシラで学び、後に教師としてこの教育機関で教鞭を取った（Smith, 1924）。

今日我々がイメージしている大学の感覚からすると、タキシラは大学ではない。タキシラには、カリキュラムを規定し学位を授与するような中核の組織はなかった。それぞれの教師には20～25名ほどの学生がつき、彼らは教師によって教授される教科（Subjects）に特化しこの教師の下で勉学していた。学生たちは、勉学の期間中教師と生活を共にして個人指導を受けた。アレクサンダー大王の統治の間、タキシラの哲学者たちの名声は、遠くギリシャにまで及んだ（Dengerkey, 1967）。しかし、タキシラはインドの北西部国境に位置していたため、絶えず外国人の侵略を受け制圧された歴史を持つ。最初タキシラは、ヒンドゥー教の教育の影響下にあったが、後に、仏教徒の影響を受けることとなった。ペルシャ、ギリシャ、クシャーン帝国がタキシラを攻撃し時代ごとに統治した。このことが、タキシラの発展と安定に影響を与えた。アショカ皇帝（Asoka）の死によって、巨大な帝国は、崩れ始め、フン族の攻撃が致命的打撃となり、紀元前5世紀に崩壊した。そのため、この大学にあった仏教徒にとって貴重なものは、ナーランダに伝えられた。

4. ナーランダ大学

ナーランダは、ビハール（Bihar）のパトナ（Patna）から40マイル（約65km）に位置し、紀元前3世紀の仏教徒の僧院としてアショカ皇帝によって創設された。1世紀（AD）には学問の重要な中心地としてその重要性を拡大していた。4世紀には、教育の重要な地として有名になり、7世紀までその名声と重要性の絶頂にあった。このことは、7世紀にナーランダを訪れ10年間滞在した中国人旅行家、ヒゥン・ツァン（Hiuen Tsang）の記録からも明らかである。彼は、この古代の文化と高等教育機関の栄光と巨大さを鮮明に描写し

記録した。その中で、彼はナーランダの僧院を増築した6人の君主の名を挙げている。パーラ（Pala）王朝の君主やスリウィジャヤ（Sri Wijaya）王国（現在のインドネシアのスマトラ）の君主もまた、建造物を建ていくつか改善を施した。ナーランダ遺跡は、すべての建造物が堂々として美しく芸術的であったことを示している（wheeler, 1968; Gamage, 1996）。大学の敷地は、半マイル（約0.8km）の幅で長さ1マイルにも及んだ。中央の学寮（College）は、7つの大広間と大小300の講義室を持っていた。そこには、少なくとも13の僧院があり、個人部屋や2人部屋の宿泊施設を持っていた。これらの僧院は数階に及ぶ高さであった。さらに大学には、3つの図書館と天文台が設置されていた。ヒゥン・ツァンは、学生たちがスポーツや入浴するために使っていた10のタンクやプールにもふれている。遺跡では、いくつもの大きなかまどが発見されており、共同の給食システムの存在が明らかになっている（Dengerkery, 1967）。

中央門に住み込んでいた学者は、大学に入学を希望する者に対する入学試験を行い管理した。ヒゥン・ツァンによれば、1万人の学生が学び、1,510人の教師が教えていたという（Devahuti, 1970: 6）。インド全域から集まった学生たちに加え、中国人、チベット人、韓国人のような外国籍の学生による団体（community）が存在していた。

大乗仏教の中心地であるにもかかわらず、ナーランダは小乗仏教、ジャイナ教、ヒンドゥー教、哲学、文法学、論理学、形而上学、文学の教育を用意していた。一般の学生は20歳で入学したが、仏教僧侶は13歳で入学を認められていた。教師たちは、個人的に難しいところを教えるような、現代の個人教授に似た方法で学生たちの勉学を支援していた。また、公式の討論が教育の中核をなしていた。学生たちは、評判の学者たちの討論を熱心に聞くことで恩恵を得ていた。彼らには、厳格な規律に敬意を払うことが要求されたし、教師に対しては深い尊敬を払わなければならなかった。ナーランダは、1205年頃バクティアル・キジ（Bakhtiyar Khiji）と呼ばれたイスラムの侵略者によって破壊されるまで、高等教育の国際的な中心地として繁栄した（Wheeler, 1968; Keay & Karve, 1964）。

大学運営は、僧侶全体で選ばれた大学首長になった学者僧侶の責任であっ

た。この首長は、知識と経験においてすべての僧侶に認められ見本となる者が、学者僧侶（scholar monks）の中から、仏教僧侶たち全体によって選出された。

聖職者によって任命された2つの諮問委員会（advisory committee）が彼を補佐した。第1の諮問委員会は、入学許可、教育内容（courses of study）、教師の時間割、図書館のような教育に関わる事柄についての助言を目的とした。印刷技術のない当時、図書館は、大変重要な位置を占めていた。本を収集し、保存し、模写し予備を準備することは図書館の責任であった。ナーランダの図書館は3つの壮麗な建物からなっていた。外国人研究者は本を模写し本国へ持ち帰っていた。4世紀にナーランダを訪れたヒュン・ツァンが、400冊を模写し中国へ持ち帰ったことが、記録として残されている。

第2の諮問委員会は、財務と行政を治める長に助言をする機関であった。大学は、200の村から寄付金を得ていた。それは、多くの君主から大学に譲渡されたものであった。大学維持のための第2の諮問委員会は、これらの村からの寄付金を管理した。加えて、新しい建物の建設、メインテナンス、寄宿寮の適切な運営に対しても責任を負った。教育は無償である一方、大学は学生の食事や医療に対して責任を負っていた。選ばれた修道士によって運営された部局（Departments）は、下部組織である諸課（Divisions）の運営に対して責任を負っていた。寄宿寮では、部局長たちによって指名された学生たちが独立独行の精神に則り、すべてを運営した。したがって、大学の経営は教師と学生の相互協力と協働をとおして民主的な方法で行われた（Chaube, 1924: 146-147）。

5. ギリシャ・ローマ人とインド・ペルシア人の出会い

紀元前6世紀は、インドとギリシャでは知的興奮（ferment）の時代であり、人間の自然に対する見方や存在目的において根本的な変化を経験した。ギリシャ初期の哲学者たち、タレス（Thales）、アナクシマンドロス（Anaximan-dros）、アナクシメネス（Anaximenes）は、ホメロス的信仰の浅はかさに反旗をひるがえし、物理的な世界の本質を探究することで、西洋哲学のみなら

ず西洋科学の基礎を準備した。ほとんど時代を同じくして、インドでは、伝統的なベーダ教義に限界を感じ、偉大で革命的教師、仏陀（Lord Buddha）、マハービーラ（Mahavira）、ゴーサーラ（Gosala）が、彼らの道徳哲学の急進的な発展を基礎にして、仏教（Buddhism）、ジャイナ教（Jainism）、アージービカ教（Ajivika）の運動を起こしていた。ギリシャのイオニア（Ionian）の諸都市やインドのタキシラが、6世紀の終わりにペルシア帝国のキュロス（Cyrus）とダレイオス（Darius）に征服されたのは、これらの知的発展の後のことであった。ペルシア帝国による征服は、かつてインドの修行者をギリシャに導いた同じ道をギリシャの哲学者が旅することを理論的に可能にした。早くも紀元前4世紀には、メガステネース（Megasthenes）は、ギリシャの哲学者とインドの哲学者との比較に、強い興味を引かれた。彼は、インドの都市に長期間滞在した最初のギリシャ人学者となった。メガステネースは、インドのティーチング（teaching）が多くの点でギリシャのそれと酷似していたことを報告している。

　したがって、東洋と西洋の哲学が融合したアレクサンドリアが学問の中心地になる遙か以前に、インドとギリシャの哲学者たちは人間や世界（the world）に関わる同じ問題に関心を寄せていただけでなく、インドとギリシャの哲学は、表現は異なっていたが、非常によく似ていた。2世紀に、ピタゴラス（Pythagoras）、プラトン（Plato）、メモクリトス（Memocritus）は、この知識人の地（the land of Brahmins）を訪れている。デモクリトス（Democritus）は、最も早いインドの原子論者の少なくとも1世紀後に、原子論（atomic theory）を提言した。ウッドコック（Woodcock, 1966: 149-151）は、デモクリトスがペルシアの諸都市で出会ったインド人たちから原子論のアイデアを得ていたという可能性は、完全に除外できないと主張する。

　プリュウス（Pliny）は、シリアやエジプトに仏教徒が現れていたことに言及したが、これは、アレクサンドリアでフリンダールズ・ピートリー（Flinders Petrie）卿によって発見された仏教徒の紋章が記された記念碑によって確認されている（Gamage, 1996）。5～7世紀の間、ナーランダは多くの学者を擁していた。彼らは、仏教、哲学、論理学、文法学の百科事典、加えて語源学、論理学、形而上学の専門書を執筆した。ローソン（Rawson, 1963:

70）は、344〜412年にかけて、クマラジュウ（Kumarajiva）という偉大なインド人学者が中国の首都、長安に居住し、106の大乗仏教原典の中国語への翻訳を指導し非常に尊敬されていたと述べている。このような証拠は、インド、ペルシア、バビロニアに偉大な学者たちがいたことを示しており、そのいく人かは、中国やアレクサンドリアを訪れ、そこで世界各地から集まって来た学者たちと交流を持ったことを示している。

6. インダス渓谷の教育機関のスリランカへの影響

　集団経営による学校組織（corporate institutions）は、古代インドの仏教徒の修道院制度に初めて出現するようになった。仏教僧は終生の学生であることを喜びとしていた。このことが、仏教徒の高等教育の発展に重要な貢献をした。紀元前3世紀のアショカ皇帝の治世の下で、僧院は増加し拡大した。多くは、初めは仏門にある者のために、後に一般人や王族を受け入れ、高等教育の中心として発展した（Smith, 1880）。紀元前237年、スリランカの君主であるデーバーナンピア・ティッサ（Devanampiya Tissa）は、後の経営維持を念頭に、広大な土地を譲渡し、タキシラとナーランダのインド・モデルをもとに2つの僧院を建設した。初めてのものは、「偉大な僧院」すなわちマハーヴィハラ（Mahavihara）と呼ばれ、2つ目にミヒンターレ（Mihintale）を建設した。彼の後継者たちは、広大な土地を寄付する慣例に従った。君主たちによって建てられた石碑文から、会計を記録すること、時間割に従うこと、式典を挙行することが定められていたことがわかる。この一連の規則は、僧侶や、博士、学者、夜回り、労働者、一般の信徒のすべての者たちによって遵守され、彼らは、僧院を中心とした町の維持のためにそれぞれの責任を果たしていた（Williams, 1963; Gamage 1991）。

　紀元前2世紀に、ドゥツガムヌ（Dutugamunu）王は、「偉大な僧院」の僧侶を収容するために巨大なロハ・プラサダ（Loha Prasada）［Brazen Palace（真鍮宮殿）］を建設した。ウイリアムズによれば、この宮殿は、9階（1,600本の花崗岩の円柱が1階を支えており、それはまだ立っている）からなり、真

鍮の瓦で覆われ、奇妙な光景を見せていた。ウイリアムズは、この建造物の高さは150フィート（約52m）ほどであったと推定している。また、フォーベス（Forbes）少佐は、240フィート（83.52m）と推測している（Williams, 1963; Forbes, 1840）。紀元前1世紀に、もう1人の君主、ヴァッタガミニ・アブハヤ（Vattagamani Abhaya）がアブハヤギリヤ（Abhayagiriya）を建造した。これは、「偉大な僧院」よりはるかに大きい僧院であった。そして3世紀には、「ランカラマ」（Lankarama）として知られたもう1つの僧院が建設された。ウイリアムズは、アヌラダプーラ（Anuradhapura）[2]の都市にある3つの巨大なダゴバ（dagobas）[仏舎利を安置する堂：訳者注]と比較できるものは、ギザ（Giza）の偉大なピラミッド以外に見当たらないと述べている（Williams, 1963）。

後にピリヴェナス（Pirivenas）として知られることになった、これらの高等教育機関の発展と繁栄は、国王の保護に依存していた。政治的混乱の時代には、このような学問の中心地は不幸な運命をたどった。スリランカの歴史文書は紀元前6世紀にまでさかのぼることができ、それは、僧侶によって書かれ保存された（Becher, 1978; Gamage, 1985）。聖職者階級は、特定の学問分野にしか興味を持っていなかったため、工学、建築学、医学でさえ、彼らの興味の対象ではなく、これらの記録は残っていない。しかし、古代の遺跡や石碑の周りで発見された人工物（artifacts）は、工学、建築、医学の分野でも卓越していたことを示している（Gamage and D'Cruz, 1990）。

7. アラブ民族の学問

預言者マホメッド（Murhammad）はアラブ民族を統一し、彼らを征服のミッションに送り出した。それは、世界の他の地域に彼らが信ずる真理を伝えることであった。イスラム支配者による征服の結果、インド、メソポタミア、ペルシア、中国のほとんどの学問の中心地は、彼らの影響下に入った。彼らの使用に供すると考えられた書物以外の古代の書物は、ほとんど破壊された。8世紀までに、ティグリスのバグダッド、スペインのコルドバ、ギリシャのコン

スタンチノープルは、アッバース（Abbas）王朝のイスラム帝国における学問の中心地となった。カリフ[3]たちは、中国、インド、ペルシア、シリア、エジプトからの学者の保護を積極的に行った。ほとんどのキリスト教会指導者たちはローマやギリシャの学問を恐れ、キリスト教徒によるこれらの学問の接触を一切禁じた結果、ローマやギリシャの学問のほとんどは、東洋とアラブの世界で研究されることとなった。アラビア人たちは、彼らが支配した土地に彼らの言語や文化を浸透させると同時に、支配した人々の古い文化や学問の多くを吸収していった（Frost, 1973）。1205年に、バクティア（Bakhtiar）［カリフの一人：訳者注］が、ヴィックラマシラ大学（Vickramasila）を破壊したとき、図書館を焼き払う前に、彼はすべての書物を研究するように指示していた（Rawat, 1965: 103）。

イスラム教徒たちは、借用や融合が得意な人々であったため、彼らが触れたものは何でも自分たちのものにしてしまった。また、イスラム教徒たちは、創造者でもあり発明家でもあった。たとえば、「アラビア数字」もしくは「桁の値によるシステム」（the place value system）として知られるものは、キリスト紀元の初め頃インドで発明された。算術と代数学はインドで発達し、このことがギリシャでの幾何学の発達を容易にした。ホグベン（Hogben）、ハルステッド（Halsted）、ダンツィグ（Dantzig）のような20世紀を代表する偉大な数学者たちは、「桁の値によるシステム」の発見は世界的に重要な出来事であったと断言している（Holsted, 1912）。アラブ人は、これらの数字をヒンド（Hind）またはインド（Indo）を意味するヒンドゥッサ（Hindsah）と呼んだ。数学は、そこからスペインのアラブ学問の中心地を経てヨーロッパに伝えられて、ヨーロッパの数学の基礎を作り上げた。したがって、「桁の値によるシステム」は、アラビア数字という現在の名前を受け入れた。ヨーロッパで初めの頃使われたアラビア数字の例を、1134年のシシリアのコイン（Sicilian coin）に見ることができる。英国でアラビア数字が初めて使用されたのは1490年であったと記録されている（Nehru, 1960: 119-120）。

8世紀のカリフ・マンスール（Al-Mansur, 753-774）の治世のとき、多くのインド人哲学者が数学と天文学の研究を携えバグダッドを訪問していた。これは、インド人とアラブ人の間の最初の組織的交流であった。9世紀には、カ

リフ・マームーン（Al-Ma'mum）は、「知識の家」（House of Wisdom）を組織した。これより大きいものは、偉大なアレクサンドリアの図書館のみであった。「知識の家」は巨大な図書館、教授と研究のための大学（academy）、大勢の翻訳者たちで構成されていた。翻訳者たちは、その時代の重要なすべての言語から文書を取り出しアラビア語に翻訳していた。そのため、9〜10世紀にはバグダッドのアラビア人は、多くの芸術や科学をもたらした。その後何世紀にも渡ってヨーロッパが知ることになるものより遥かに多くの芸術や科学がバクダッドに集められた（Frost, 1973）。イスラム教徒の支配が確立されたインドのほとんどの都市では、マドラサ（madrasah）[4]、あるいはカレッジ（colleges）が創設された。インドにあるイスラムの最も有名な学問の中心は、ジャウンプール（Jaunpur）であった。

8. 古代の大学と中世の大学との関連

　古代において現代ヨーロッパの大学に最も近い形態は、紀元前5世紀のアテネにあったプラトンのアカデミーであった。青年のためのこれらの学校は、ソクラテスの考え方を引き継ぎ、討議を通して真理を探究するという伝統を持っていた。アリストテレス（Aristotle）は、リュケイオン（Lyceum）［アリストテレスが設立したアテネ郊外の学園：訳者注］で、文語的活動を科学や数学の領域にまで拡大した。このアテネの教育が間接的に影響した結果の一つが、アレクサンドリアの博物館（museum）の創設であった。この博物館には、紀元前323年からローマが北アフリカを征服した紀元前30年の間に、約70万冊の書物が所蔵された。アレクサンドリアは、イスラム教徒に征服される7世紀まで、学者や研究者の中心地であった。フレッチャー（1968）は、アレクサンドリアの博物館は、特に研究の質と量の点から、現代の大学の概念に最も近かったと主張する。
　スペインのトレド（Toledo）は、ヨーロッパにおける初期の宗教的活動の中心地であった。712年にムーア人（Moors）がトレドを占領し、この都市を貿易・文化の繁栄の中心地に発展させた。アラビア人学者やユダヤ人学者たち

は、多くの国々の知識人を魅了した学問のセンターをここに建設した。キリスト教徒の学者たちもこの地で学んだが、それはキリスト教徒によってこの都市が征服された後のことであった。この征服後、アラビアの世界からもたらされた豊かな学問が西洋の世界に開かれた。キリスト教徒の学者たちは、トレドの学校に大挙して押しかけアラビアの学問を吸収した。この時代には、アラビアの学問は、古代中国、インド、バビロン、ギリシャ、ユダヤの伝統的遺産の中に見いだせる最高の知識の蓄積となっていた。トレドでキリスト教徒の学者たちは、ほとんどの古典の翻訳を発見し、これをラテン語に翻訳し西洋の文化圏に持ち帰ったのである。

おわりに

本章でも明らかなように、古代と中世の世界では宗教機関と僧侶が高等教育の発展に指導的役割を果たした。チグリス・ユーフラテス川渓谷で発達した文化と教育システムは、紀元前 2000 年以前でさえ、僧侶に著しく影響された修道院のような場所として知られていた。その主な目的は、専門職業、分野におけるエリートを養成するような実践的なものであった。我々はこの伝統を、英国制度のオックスブリッジ（Oxbridge）[5]の伝統の中に見る。ナイル川渓谷で発達した高等教育機関では、正義・真理・公平の思想、善悪の判断、徳性の考え方が発達した。中国の黄河流域では、公の試験制度が創設された。インド・ガンジス川渓谷では、無償教育（free education）、寄宿制大学、入学試験の管理、公有地譲渡によるような寄付、教育機能と事務機能の分離、選挙による幹部選出の原理、大きなキャンパス、王室による保護などの考え方が整った。フレデリック・マイヤー（Frederick Mayer, 1973）は、ナーランダ大学での仏教徒の教育目的が、自分自身を自己中心性から開放した「慈悲深い個人」（a compassionate individual）を育成することにあったと主張する。この慈悲深い個人は、高潔と慈愛に満ちた優しさのモデルであらねばならなかった。科学と哲学の両方が非常に発達する一方、法学は学問の重要度において二番手であると考えられていた。

中世初期から中世ルネサンス期への変化に影響を与えた重要な要素の一つが十字軍であった。十字軍は、宗教的観点からするとみじめな失敗であったが、複数回にわたる十字軍遠征は、東洋と西洋との間により頻繁な接触を引き起こすことになり、東洋と西洋の間の貿易を刺激した。十字軍遠征は、イタリアの諸都市を強化し豊かにする一方、東洋との多文化的接触は、東洋の知的財産の影響下で学問と研究のための諸センターの設立を促進した。シリア王国で、ヨーロッパの学者たちは、何世紀にもわたってアラブ人が管理してきたギリシャの科学と哲学、インドの数学、古典の遺産を発見した。彼らはまた、学問のために観察手法（observational approach）を考案し、西洋学問の権威主義的手法（authoritarian approach）に挑戦し、これを打ち負かした。それゆえ、イタリア南部海岸沿いのサレルノ（Salerno）と中央部にあるボローニャ（Bologna）の2つの最古の中世の大学、そして、フランスのパリ大学は、古代の高等教育機関から利益と影響を受けたと言える。

［訳者注］
1) リグ・ベーダは、インド最古の文献である4つのベーダの一つで、後にバラモン教の経典となるが、紀元前1500～紀元前1000年の間に作製されたと推定される（ブリタニカ国際大百科事典より）。
2) 前5世紀頃～8世紀末までのスリランカの首都。同島での最古の仏教遺跡。この遺跡はジャングルに埋もれていたが、1912年に発掘が開始された（ブリタニ国際大百科事典より）。
3) モハメッドの後継者の意でイスラム教徒の政治的・精神的首長たち。
4) イスラムの教義を研究・教授する学院。
5) オックスフォードとケンブリッジの伝統の意。詳しくは、第3章を参照。

第2章

中世の大学の発展と近代の大学への影響

はじめに

　本章で使用する「大学」(Universities) という用語は、中世の大学として言及される教育機関の状態や目的に酷似する高等教育機関を意味する。「大学」という用語は13世紀の初めに現れたものであるが、本章全体を通して、この用語を採用している。「大学」という言葉は、語源的には「全体」(Whole) を意味する。中世では、この言葉は、職業組合 (trade guilds)、職人組合 (mechanics collegia)、学者組織 (association of scholars) などを指す用語として使われていた。これらの大学は、組織 (organizations)、機関 (institutions)、共同体 (communities) と考えられた。大学を組織とみる研究では、大学が合理的分析が可能である具体的目標を達成するための存在であると捉える。大学を価値観を具体化する機関とみる場合、大学の内的プロセスがどのようにこの価値観の維持に貢献するか、という行動の検証を含む。共同体としての大学に主眼を置く場合、大学の研究は、大学が集団と個人の発展にどのように影響するかという点に、より関心をもつだろう。この3つの視点は抽象的に見えるが、実は大学に関わる現代の論議の争点の背後に存在するものである。しかしながら、我々は、大学の内部で保つことが容易でないこの3つの視点は他の諸概念のバランスを保ちながら、共存していることを認めなければならない。この文脈の中で、本章は、他の観点にも注意を払いながら、主と

して組織としての大学を検証する。

1. 中世の大学誕生の背景

　中世初期〜中世ルネサンス期の間の変化に影響を与えた大きな要因の一つは、十字軍の遠征（Crusades）であった。十字軍の遠征は、宗教的には失敗であったが、経済的には東西の交流を活発にした。これにより、豊かで強力になったイタリアの諸都市は、東洋との文化的接触を拡大させていき、東洋の知的財産は、すでに存在した勉学・学問の中心地を強化した。シリア王国では、ヨーロッパの学者がギリシャの科学や哲学、インドの数学、そして、何世紀もの間アラブ人が管理してきた医学や古典文学を発見した。カルル1世［大帝］（Charlemagne）と彼の教育長官であったアルクイヌス（Alcuin）[1]によって設立された僧院とカソリックの学校は、ティーチングや学習施設の充実に貢献し、ヨーロッパの中世の大学全体の成長を促進した（Frost Jr., 1973）。

　下記の書簡は、13世紀末にパリ大学の評議員マスター[2]（the Regent Masters）の名前で、ローマ教皇に送られたものであるが、東洋の学者が、どのようにヨーロッパの中世の大学に影響を与えていたかを知る上で良い証拠である。

　　　聖なる神父、知識に対する強烈な熱意が、私たちの魂をかりたて、パリに学問の新しい部門を設立する願望をかきたてます。この新しい部門は、キリスト教信仰に価値ある収穫をもたらすと思われます。

　　　すべての神父の中の神父、事実私たちは、私たちの内なる清い光の中に、パリに新しいストゥディアム（a studium）を設立することが、私たちとパリ全体のストゥディアム（Studium）[3]に多くの利益をもたらすと予見します。この新しいストゥディアムは、6名の評議員マスターたち（regent masters）によってギリシャ語、アラビア語、タタール語で教えられ、20名の学生が在籍します。また、この6名のマスターは、ギリシャ語やアラビア語に隠されまだ翻訳されていない未知なる原典を翻訳することができます（Weiruszowski, 1962: 154）。

2. サレルノの医学校

　イタリアの南西沿岸に位置したサレルノ（Salerno）は、ヨーロッパで最も特色のある大学のあった場所であった。この地域が鉱物源泉で有名になったところから、足の不自由な者たちや盲人たちが、癒しの水に入浴するためにこの地を訪れた。必然的に、悩みを持つ人々を治療して生計を立てることを希望する医者たちが集まった。この健康保養地は評判となり、ストゥディアム・オブ・メディスン（a Studium of Medicine）もまた設立され、11世紀には医学校（a School of Medicine）としてヨーロッパ中で知られるようになった（Schachner, 1962）。ここで、ガレノス（Galen）やヒポクラテス（Hippocrates）の偉大なギリシャの権威はラテン語に翻訳され学ばれた。サレルノは、11～12世紀に絶頂期を迎えた。そして、他の学問の中心地がアラビア人から新しい知識の受容を止めた頃、時を同じくして、サレルノもまた、その重要性を失い始めた（Eby & Arrowood, 1940）。

　しかしながら、1231年、サレルノ王国のフレデリック2世（Frederick II）は、サレルノ医学校を救う目的で介入し、国王による医師免許（Loyal License）無しに、シチリア王国内で医学を教えることや医師として開業することを禁止した。さらに、フレデリック2世は、医師免許は彼の任命した役人たち（officials）とサレルノのマスターたちによる試験の後にのみ、獲得されると定めた。彼はまた、勉学に必要な最小限の時間数、文芸関連の入門コースの開設を公的に命じた。サレルノが医学の教授集団のみで構成されていたことから、大学というよりストゥディアム・ジェネラーレ（a Studium Generale）と考えられた（Frost Jr., 1973）。

3. 学生の大学ボローニャ

　ヨーロッパ北部からイタリア中央部に至るアルプスを越えるグレイト・ハイウェー（the great highway）近くに位置するボローニャは、諸共和国に囲まれた共和国であった。12世紀までに、これらの共和国はドイツ帝国から自由となり、平和で無比の成長と活力のある長い時代に入った。学生たちが論理学や哲学を学ぶためにパリに大挙して集まった時期と同じくして、イタリアでは、法律を学ぶ学生たちによる同様の動きがあり、ボローニャは法律に一本化された。ボローニャには、3つの教育機関が存在した。すなわち、学問的努力の分野としてキャノン法[4]（Cannon Law）を発達させた修道院学校（a monastic school）、文芸関連（the study of arts）の学問を発達させたカソリック学校（a cathedral school）、そして法律の科学的研究を発達させた修辞学と法律のための公立学校（a municipal school）の3つであった。法律家と教養ある人間の育成が長い間イタリアの伝統であり、この大学の急激な成長に対するさらなる刺激となった。それゆえ、ボローニャの法律諸学校は、ほかの競争相手や前身の諸学校のどの学校よりいっそう輝くことができた（Schachner, 1962）。

　イルネリウス（Irnerrius）は、イルネリウス法体系全集（the Summa CodicisIrneru）を執筆したが、この書物は中世における法律の専門的研究の先駆けとなった。ボローニャは、ヨーロッパで後に続くもののないほどの名声を得た。パリとは反対に、ボローニャの教師たち（the masters）は地元の一般人（laymen）［修道士などではなくの意：訳者注］であったが、学生たちのほとんどは外国人であった。12世紀にパパル（Papal）教皇体制が確立されるにつれ、ローマ・カソリック教会の名声にさらに貢献する、強固で安定したキャノン法の体系が要求された。ボローニャの修道院学校出身のグラティアヌス（Gratian）という無名の修道士がこの時期に頭角を現した。彼は、論争のためのアベラードの手法[5]（Abelard's approach）に則って、キャノン法を成文化した。グラティアヌスの意見は、諸法律を統合する上で実質的に効力があった。そして、彼のデクレタム[6]（Decretum）は学校でのキャノン法の唯

一の原典となった。この新しい聖書に全ヨーロッパが従うこととなり、ローマ教皇の権威はさらに強化され、市民法ないしローマ法（Civil and Roman Law）とキャノン法に関わる学問は統一されていった（Schachner, 1962）。

ボローニャに学生が相当数集まっているということで、1158 年フレデリック・バルバロッサ（Frederick Barbarossa）皇帝は、学者たちに権利と特権（a Charter of Rights and Privileges）を認める認可状（Charter）を発布した。この認可状は、一般学生のクラスを皇帝の保護の下に置き、学生が訴えられた場合、彼らの教師か司教（the Bishop）のどちらに判断を下して欲しいかという選択肢を学生たちに与えた。免許も必要なく正式なイニシエーション（formal initiation）もなかったが、習慣や世論の影響が基準や資格を決めていた。しかしながら、ボンコムパグノ（Boncompagno）による『古代の修辞法』（the Rhetorica Antiqua[7]）の書以前には、マスターの組合（大学）の存在について書かれた証拠はない。この書は、1215 年の市民・キャノン法に大学教授（the University Professor）と表現される前のことである。

学生たちと大学町の人々との間で争いがあったが、その原因のほとんどは下宿の賃貸に関わる金銭的な問題である。ほとんどの教師はボローニャ出身であり、皇帝の認可状は役に立たなかった。それゆえ、学生たちは、自ら組合（a trade guild）を組織し、もし町の人々が下宿代を下げないなら、ボローニャを出て行くと脅した。シャクナー（Schachner, 1962）は、この容易ならぬ脅威は、調停委員会による公正で迅速な合意に両者を導いたと明言している。この委員会は、学者の下宿賃貸料や、彼らに影響を及ぼすほかの物の値段を決めるために任命された 2 名の学生と 2 名の市民からなる委員会であった。

1217～1220 年の偉大なる退去（the Great Dispersion）[8]の後、コレギウム・ドクトルム（the Collegium Doctorum）が国別に組織された学生団体（the student nations）の権威を受け入れた。その時学生たちは、大学の管理団体となった、とハスキンズ（Haskins, 1965）は主張する。したがって、ボローニャ大学では、学生たちが教師たちを管理し、白髪まじりの口ひげを生やした教授たちは学生たちに謙虚に挨拶し、1 年生や 2 年生たちは横柄な足どりで学内を歩いていた。この大学では、学生たちが、講義で扱う内容、講義数、許される休講理由、課せられる罰金を教授たちに指示していた。もちろん、今日こ

れは、まったくの無秩序と混乱状態にあるように見える。そこでは、あらゆる年齢の抑圧された者たちが抑圧者になったのである。

4. パリ、教授たちの大学

　我々が中世の大学を想像しようとするとき、それはサレルノでもなければ、ましてやボローニャやオックスフォードでもなかった。それはパリ大学であった。この偉大な大学は、フランス王制やローマ教皇の最愛と喜びの下で宝石にも比すべき貴重なものと考えられていたのである。パリ大学は、ヨーロッパにおいて最も重要な知の中心であった。修道院がティーチングをあきらめ、祈りと黙想の生活に移行したとき、これらの偉大なる教会は、知的空白を埋めるために彼らの学校を強化した。ヨーロッパの平和と繁栄の時期に、教会の下に統合され、これらの教育機関は学者たちや学生たちを魅了することができた。彼らは、拡大する学校で働くために訓練されることになった(Schachner, 1962)。

　パリがどのように名声を博すようになったか考察する際、明白な点は、11世紀中頃までパリは学問の中心地として重要でなかったということである。ほかの諸学校のほうが、はるかに優れていたのである。ヨーロッパの学者たちがパリに集まり始めたのは11世紀末にかけてのことであった。その時期には、聖ジュヌビエアー大修道院（Abbey of Ste Geneviere）、聖ヴィクターズ（St. Victor's）、ノートル・ダム大聖堂（the Cathedral of Notre Dame）の3つの教会学校が存在した。しかしながら、大聖堂の学校だけが大学の発達に大きな役割を果たした。大修道院は、アベラードに避難場所を提供したという意味と、後にマスター（masters）とチャンセラー[9]（the Chancellor）との間の争いに関してのみ重要であった。この争いは、チャンセラーの権力と権威が強化されたためであった。チャンセラーだけが、教授免許を与えることができ、フランスという外国に居住し不安定なことから、マスターたちは、彼らの現存する慣習を維持するために、彼らの組合（guilds）の組織化を進めた。マスターたちは、ヨーロッパのあらゆる地域から学者が殺到したことで利益を得た一

方、チャンセラーは免許を発行しその料金を徴収し利益を得た。そして、町の人々は、小屋や屋根裏部屋を宿所に変え法外な賃貸料を請求した。

　また、マスターの組合（the Masters' Guild）がうまく組織され、そこでは、専門家としての慣習と成文化された法律が拘束力を持った。免許を持った教授から5～7年の間講義を受けなければ、教授免許（a teaching license）を与えられないことになっていた。緩やかなプロセスの中で、教授免許取得を熱望する者は、彼の教師とマスター組合全体によって正式に認められることが必要になった。その時、インセプション[10]（the inception）は、教授免許を得たばかりの者の、マスターたちのコミュニティー（the society of masters）への加入を許可する公式の儀式となった。1200年に、町の人々と学者たちの間に激しい対立があったことから、フランス王、フィリップ・アウグスツス（Philip Augustus）は、パリの学者たちに特権を認める初の認可状（the first Charter of Privileges）を与えた。フランス王は、市民の代表者たちや首席司祭を介して、市民に学者たちの特権を尊重し維持する誓いを要求した。1210年までに、マスターたちは、成文法（statutes）を通過させ、彼ら自らで公式の大学「universities」、あるいは、マスターたちの職業組合（trade guilds）を組織した。ローマ教皇、イノセント3世（Innocent Ⅲ）は、ローマ教会法廷で団体組織としてマスターたちを代表する者、プロクター（Proctor）を選ぶ権限をマスターたちの職業組合に与えた（Rashdall, 1895; Gamage, 1996）。

　1212年、マスターたちの職業組合による抗議で、ローマ教皇はチャンセラーがマスターたちに強制的に忠誠を誓わせることを禁止し、1219年にはシー法王（the Papal See）の許可なしに無差別に除名することを禁止した。1225年にマスターたちが許可なしに紋章を作ったとき、ローマ教皇の特使によって中止させられ、ばらばらに破壊された。これが後に仲たがいの原因になり、枢機卿[11]（the Cardinal）の命を救うために、フランス王は兵隊による介入をせざるを得なくなった。しかし、学生の出身地をもとに組織されたネーション（nations）の4つの紋章は禁止されなかったので、マスターたちは、この4つの紋章を利用した。1229年、パリ郊外で酒に酔って起きた口論から、パリのプロボスト（the Provost of Paris）によって数人の学者が溺死させられるという事件に発展した。殺害された学者たちが補償を得ることができな

かったことから、マスターの組合は、偉大なる退去（Great Dispersion）を命じ、学者たちにパリを去り他の学問の地で身を立てるよう要求した。

　このマスターたちの行為は、パリを一地方都市のレベルに縮小化してしまい、歳入の損失による危機感から、裁判所（the Royal Court）は大学の要求を認めた。1231年、ローマ教皇、グレゴリー9世は、彼の有名な教書（Bull）「科学的研究とティーチングを行う免許」（Parens Scientatum）を発し、最も包括的な特権をパリ大学に与えた。さらに、この教書は、大学の要求が満たされるまで活動を停止しストライキをするという、制限のない権利を大学に認めた。その後、チャンセラーは、名目上の指導者程度の地位になり、彼には各教授団（the respective faculty）の推薦をもとに、教授免許を授与することが期待された（Brown, 1975）。

5. オックスフォード大学

　前述した大学と同様、オックスフォード（Oxford）もまた緩やかな発達を経験した。オックスフォードは、その創立にローマ教皇や君主、地方自治体が援助を与えなかったことから、自由な学問の場（the free studium）であった。しかし、一度この教育機関が名声を得ると、英国の王やローマ教皇は大変な興味を示し始めた。ヨーロッパの他の学問の地とは異なり、オックスフォードはカソリック教区の町ではなく商業が中心に栄えた町であった。12世紀には、イギリス海峡を渡りパリへ行くことができなかった英国の学者たちが、オックスフォードに集まった。パリではアベラード[12]（Abelard）が学者たちを相手に演説をしていたが、当時のオックスフォードには高名な教師が1人か2人しかいなかった（Schachner, 1962）。しかし、英国のヘンリー2世がローマ教皇を非難したとき、彼は小規模なストゥディアムであったオックスフォードをストゥディアム・ゲネラーレの高い地位に格上げするという一連の事件を引き起こした。1165〜1169年にかけて、ヘンリーは英国とヨーロッパの大陸との間の教会に関わる往来の禁止を宣言した。教会に対するヘンリーの行為に憤慨したフランスの君主は、その報復として、イギリス人の学者をパリから強

制退去させた。英国に投げ出された学者たちにとって、オックスフォードの小さなストゥディアムは注意を引くに十分であった。退去させられたマスターたちがオックスフォードに学校を設立し、学生たちが彼らのもとに集まった。こうして、ストゥディアム・ゲネラーレ、または、パリのもう 1 人の娘 (another daughter of Paris) が誕生した (Markhan, 1967)。

最初にはっきりとオックスフォードに言及した記述は、ウェールズ人の旅行家、ギラルドス・カムブレンシス[13] (Giraldus Cambrensis) の自叙伝の中に見いだせる。彼は、1184 ～ 85 年にかけオックスフォードを訪問し、集まった学者たちに彼が新しく執筆した『ヒベルニア地誌』(Topographia Hibernica) を講読した。1209 年には、オックスフォードで 3,000 人の学生が学んでいたが、この数字はオックスフォードの町にもとから住む住民と同数になっていたと推定される。マスターたちや学生たちは、町中に散在する私有の家々に賃貸人・下宿人として住んだ。

いつものように賃貸料と食費は上昇していたが、学者たちは、彼らが聖職者の地位にあるということ以外、特に保護されていたわけではなかった。パリは、すべての模範であった。4 つ存在していたネーション (nations) も、のちに北部ネーション (Northern Nation) と南部ネーション (Southern Nation) の 2 つになった (Flexner, 1930)。

1209 年に、不測の事故で学者が 1 人の女を死なせてしまい、市長がその学者を襲い逮捕した。その後に、君主の母親から許可を得て、この学者を絞首刑にした。学者たちは、彼を救済できなかったことから、彼らはオックスフォードを去りレディング (Reading) とパリに移ったが、ほとんどの者はケンブリッジに移り住んだ。1214 年、ローマ法王、イノセント 3 世は、1214 年の勅令 (the Ordinance of 1214) を受け入れるようジョン王を強要した。この勅令は、オックスフォードに特権を与えた最初のチャーターであった。このチャーターの 1 つの条件は、罰金としてオックスフォードに毎年 42 シリングを支払うというものであった。これは、現在まで支払い続けられている (Schachner, 1962: 188-192)。オックスフォードはカソリック教区の町でなかったことから、ストゥディアムを統治する司教 (Bishop) やチャンセラーもいなかった。このことが、パリとは異なる土台の上に、オックスフォード

に独自の法整備を促進させた。しかし、1214年、ローマ法王は、パリ大学のように、ロンドンの司教が管理しチャンセラーを任命するよう命じた。とは言え、ロンドンの教区から120マイル（約190km）も離れていたため、司教は1221年まで介入を避けた。その年、オックスフォードのマスターたちによって選出されたチャンセラーを、司教は任命したのである。チャンセラー1人が、大学の厳しい準備段階の渦中にあったので、司教は、大学自体で生き残り、生き残らせることが賢明であると考えた（Flexner, 1930; Gamage, 1996）。

1246年ローマ法王が教書を発布するまで、教授の免許を発行するという慣習は、オックスフォードにはなかった。オックスフォードの認可状（Charter）の歴史は、ローマ法王と君主によるパワーと権威の授与の長い記録である。長年にわたる君主による一連のパワーと権威の授与の継続（1244年、1248年、1251年、1260年、1275年、1290年）にともない、殺人、重大な傷害、自由土地保有権の侵害を除く、学者が原告と被告であるすべての民事・刑事に関わる完全な管轄権が、チャンセラーに与えられた（Schachner, 1962: 193-196）。

6. ケンブリッジ大学

12世紀、ケンブリッジの学校には、学生たちを引きつけた宗教学寮（religious houses）が存在した。しかし、これらの学校は、1209年にオックスフォードから分離してきた学者たちが集まるまでほとんど注目されなかった（Grant, 1966）。1229年、ヘンリー2世は、不満を持つパリの学者たちに送った書簡の中で、避難場所としてケンブリッジを提供した。1239年頃までに、極端に高い家賃や部屋代、それに食料品を売って極端な利益を得ることへの不満が恒常化し、町民との摩擦が起きるほど、このストゥディアムは発展した。そのため、ローマ法王、イノセント3世は、家賃を決めるために、ケンブリッジの2人のマスターと町の2人の賢明な法律家による学生たちの下宿に関わる調査を要求した。ケンブリッジの歴史は、オックスフォードのそれに追随

したように見えるほど両者の歴史は酷似していた。ケンブリッジは、オックスフォードの影の残っている中世を通して、ゆっくりしたペースで、特権や免責を引き続き獲得しながら、オックスフォードに追随した。

　オックスフォードが、ウィクリフ運動[14]（Wycliffe Movement）が原因で汚名を着せられた15世紀末、ないしルネサンス期まで、ケンブリッジが、王室やキリスト教会による引立てを得ることはなかった（Schachner, 1962: 294）。ケンブリッジはまた、それ自体のチャンセラーを有し、司教（Bishop）や他の宗教的パワーから最終的に独立を勝ち得た。また、町民による暴動が起き彼らに勝利したものの、オックスフォードが勝ち得たような町の統治を獲得することはできなかった。両者の間には、ほかにも違いがあった。たとえば、学生が被告の場合、マスターはチャンセラーへの届け出なしに、そのような攻撃に対処することができた。オックスフォード大学のファカルティー（faculties）の長、プロクター（Proctors）は、ケンブリッジ大学では、レクター（Rectors）として知られていた。オックスフォードが古典的遺産で名声を得たのに対し、ケンブリッジは科学や数学の研究で名声を得た。しかしながら、ケンブリッジの大学制度は、オックスフォードのそれに似ており、ケンブリッジは、オックスフォードの小型版とみることができる（Grant, 1966; Schachner, 1962）。

7. スコットランドの大学とエディンバラ大学

　英国とスコットランドの間の独立戦争によって学問の交流が途絶えた13世紀に、スコットランドで初めて大学の基礎が作られた。最初スコットランドのカレッジが、マレー司教（Murray）によってパリに開校された。後に、パリで文芸（arts）、オルレアン（Orleans）で民法（civil law）を学んだヘンリー・ウォードロウ（Henry Wardlaw）が、1410～1411年にかけて、「スコットランドのセイント・アンドリューズ」[15]（St. Andrews of Scotland）を設立した。採用された組織制度とチャーターは、ボローニャ・モデルを修正し、司教とマスターにより大きな権利を与えたオルレアンとアン

ジェ（Angers）から借用された。このストゥディアム・ジェネラーレ（the Studium Generale）を設立するのに、ローマ法王、ベネディクト8世によって6つの教書（Bull）が別々に発布された。しかし、1418年に、セイント・アンドリューズは、その忠誠をローマ法王、マーチン5世（Martin V）に変えた。パリの伝統に従い、セイント・アンドリューズもまた、4つのネーションでスタートした。1451年には、グラスゴ大学[16]（Glasgow）が、ローマ法王、ニコラス5世によって発布された教書をもとに開校された。この教書は、ボローニャ大学で享受されたすべての特権と免除をグラスゴ大学に与え、その組織制度は、セイント・アンドリューズのそれに大変酷似していた（Rashdall, 1895）。

16世紀後半に設立されたスコットランドの大学の中で、エディンバラ（Edinburgh）は最も重要であった。エディンバラは、他の大学の発展に寄与すると同時に、スコットランドの大学の自治制度（the system of governance）の進歩にも貢献した。エディンバラ・カレッジは、君主ジェームズ4世（King James Ⅳ）によって発布された王室認可状（a Royal Charter）をもとに、1582年に設立された。このカレッジは、1583年に開校されたが、学位を出す権限は、1621年まで授与されなかった。初代校長にはセイント・アンドリューズの卒業生、ロバート・パロック（Robert Pullock）が就任し、5人の評議員（regents）によって補佐されたが、大学の管理は、タウン審議会（the town council）に与えられた。しかし、日常の大学運営は校長に委任された。のちにレクター室（an office of Rector）が設置され、他の大学と同列に置かれた（Horn, 1967）。

8. ドイツの大学

中世の大学の構造と特質がそうであったように、14世紀中盤までドイツは国内に大学を持っていなかった。オックスフォードとケンブリッジの設立ののち、ドイツ人の学者たちは、パリで特権を確保するため英国のネーションの大部分を占めていた。しかし、1347年1月にローマ法王、クレメ

ント4世（Clement Ⅳ）によって発布された教書（Bull）と4月に発布されたチャールズ4世（Charles Ⅳ）による設立認可（Royal Charter）をもとに、1353年に、プラハ大学（the University of Prague）が開校した。プラハ大学は、組織構造はパリ・モデルを基盤とし、プラハの大司教（the Archbishop）がチャンセラーとなった。しかし、学長職（Rector-ship）に関わる規則はボローニャのそれを模倣したものであった。この大学は、ボヘミア（Bohemia）、ポーランド（Poland）、バイエルン（Bavaria）、ザクセン（Saxony）で知られた4つのネーションに分かれていた（Rashdall, 1895）。

1385年、ルーパート1世（Rupert I）は、ローマ法王、ユルバネ4世（Urbane Ⅳ）によって発布された教書をもとに、ハイデルベルグ大学（Heidelberg）を創設した。1386年には、多くの君主による設立認可がルーパート1世により公布された。この組織制度は、パリ・モデルをもとに、カトリック教会の首席司祭（Provost）がチャンセラーとなった。大学の管轄権は、ウォルム［Worms, ドイツ西部の歴史的都市：訳者注］の司教に与えられたが、学長（Rector）は文芸学の教授団（Faculty of Arts）から任命されることとなった（Rashdall, 1895: 213-220）。1409年、評議員総会（Congregations）での投票権に関して、ボヘミア人に有利な法令が君主によって発布されたが、この法令は、プラハ大学の国際的な知名度の維持に悪影響を与えた。国民主義的な情熱が強まり、ドイツ人によるドイツの大学の開校を切望する多くのドイツ人学者や学生の大移動が起こった。学者や学生の非常に多くが移住したのは、ライプチヒ（Leipzig）であった。440名を超えるマスター、学士（bachelors）、学生が、ライプチヒ大学（the University of Leipzig）を創設したフレデリックとウイリアムの招待を受け入れた。この大学は、1409年の9月に、ローマ法王、アレクサンダー5世（Alexander V）によって発布された教書をもとに設立された。メルゼブルグ（Mersburg）［ドイツ中北部の都市：訳者注］の司教がチャンセラーとなり、学位は副チャンセラー（Vice-Chancellor）によって授与された。

ドイツの大学では、評議員を、常時交代（ever-changing）するパリ・モデルから、後にドイツ・モデルの最も重要な要素となる永続性のある専門的地位（a permanent professoriate）に変えたいという気運が高まった（Rashdall,

1895: 258-260)。ドイツの大学は、エディンバラやライデンの大学より前に設立されたが、18世紀後半〜19世紀初頭まで、目立たなかった。18世紀にイギリスとアメリカの大学に活気がなくなり、高等教育でのおもな発展がドイツで起きた。初期の中世の大学に存在していた探求の精神がドイツで再び出現し、他の国々にも波及し培われた。そして、大学という高等教育機関は尊重され、支持されるべきであると考えられるようになった（Flexner, 1930）。

9. ライデン大学

　1575年、ライデン大学（the University of Leiden）は、オランダのプロテスタント教会の教育機関として、スペイン君主、口伝沈黙公ウイリアムの名のもとに創設された。1575年法は、7名の管理者（Curators）からなる審議会（a Council）に大学の管理・行政権を与えた。この審議会の7名の委員は、3名がオランダ政府によって任命され、残りの4名は、ボローニャ大学の伝統に従い、ライデン市の市長によって任命された。ライデン大学は、かなりの自由を享受し、17世紀後半には、ドイツ人やフランス人学者たちの影響を強く受けるようになり、ヨーロッパのいたる所から将来有望な若者たちを引きつけた。

　古典的な哲学や東洋哲学の研究は、聖書の研究（Biblical studies）と密接に関連しているということだけでなく、ほとんどすべての学問に関連していた。最初の数十年は、多くのことを古典の著者やアラビア人著者から学んだ。1593年、ドイツ人の東洋学者、ヨセフス・スカリゲル[17]（Josephus Scaliger）が、ライデン大学の教授となり、数年の間にアラビア研究科の科長職（A Chair in Arabic）を設置した。16〜17世紀にかけ、難しいアラビア語の学習を奨励していたことからも、アラビアの科学と医学の重要性は明らかであった。アジア、アフリカ、ヨーロッパの多く地域を700年もの間支配したアラビア人は、価値ある知識の宝庫を作り上げていた。16世紀半ば、パリでアラビア語と数学の教授をしていたポステルウス（Postellus）は、あらゆる科学の分野で、アラビア人はギリシャ人やローマ人と同程度であったし、時

32 第1部 世界的視野からのアプローチ

には、数学、地理学、天文学、医学においては彼らを上回ってさえいたと指摘した（Heer, 1962; Gamage, 1996）。

10. 中世スリランカの高等教育機関

　1153年、パラクラマバーフ大王[18]（Parakramabahu the Great）が即位し、スリランカを偉大な宗教的文芸復興に導いた。この君主によって建てられた398×293cmの大きさの岩の碑銘（碑文）は、修道院の教育機関を管理・運営するための規則、そしてそのような諸機関に与えられた権利と特権を規定している。この文脈から、以下のことが明白である。知識を伝える中心的教育機関を持たなかったイタリアで、フレデリック・バルバロス皇帝（Frederick Barbarossa）が、学者たちに対して、初めて大学の認可（Charter）を与えた1158年には、スリランカのパラクラマバーフ大王は、国際的な交流を通して、多くの高等教育のためのセンターをすでに設立しており、先祖からの伝統に従い、岩に刻まれた特権の認可状を発布していたのである（Smith, 1924）。

　1056～1350年に至るポロンナールワ[19]（Polonnaruwa）時代の後、コッテを王都にパラクラマバーフ4世（Parakramabahu VI at Kotte）の長い治世の間、スリランカ最大の文芸復興が起きた（Silva, 1981）。トタガムウェ・ヴィジャヤバ（Totagamuwe Vijiayaba）とスネトラ・デヴィ・ピリヴェナス（Sunetra Devi Pirivenas）は、コッテ時代に最も名声を博した教育機関であった。ビルマ人やタイ人の学者たちが、これらの教育機関で学ぶ一方、スリランカの学者たちもまた、仏教の布教や勉学のためにこれらの国々を訪れていた。1505年、スリランカにポルトガル人が出現し、沿岸地帯を占領した。そのため、キャンディ王国[20]（the Kandyan Kingdom）は、陸地に封じ込められた王国になってしまった。その結果、外の世界との通常の交易が妨害され、高等教育機関の発展も断たれることとなった。1815～1820年の間、外科医から最初の英国人総督になったジョン・デヴィ（John Davy）は、首都キャンディ（Kandy）に修道院による高等教育の機関が2つあったことに触れている。そこでは、シンハラ語（Sinhalese）が男子によって普通に学ばれ、僧

侶たちは、パーリ語（Pali）、サンスクリット語（Sanskrit）、シンハラ語に大変精通していた。また、書物はオーラ（Ola）の葉に書かれ豊富に存在し、男子の読み書きは、19世紀初めの英国のそれと非常に似ていたと報告している（Bechert, 1978; Gamage, 1996）。

11. 中世の大学の近代の大学への影響

　ヘスティングズ・ラッシュドール（Hastings Rashdall, 1895）は、その前兆が古代世界にあったにもかかわらず、大学はその特質からして中世の機関であると主張した。中世の大学は、今日普及した特徴、たとえば、「研究者たちのコミュニティー」「自治権」「学問の自由」「教授陣による行政」「名誉学長室」「国や教会による保護」などの、多くを発展させたと彼は断言した（Rashdall, 1895: Vol.I:5）。大学は、専門職や古典研究、神学や哲学上の論争の主要な場となった。さらに、パリから生まれたオックスフォードやケンブリッジは、主要な集団単位として、教授団組織（faculties）の代わりに、学寮学部（residential colleges）という独特の形態を発達させた。そのため、ヨーロッパの大学は、パリ大学で始まり歴史的に発達した運営形態か、ボローニャを修正した形態のどちらかを採用した（Haskins, 1965: 368-396）。
　パリ・モデルは、パリから英国、ドイツに波及した。このモデルの根本原理は、学問に関わる管理・運営は教授集団に帰属するというものであった。争議を解決する権限を持たせた訪問者室（the office of Visitors）が設置された英国を除いて、一般人の運営参加を認める規定はなかった。フランス・モデルでは、行政の最高指揮官である副チャンセラー室（the office of Vice-Chancellor: CV）の権限を弱くしている。したがって、オックスフォードでは、副チャンセラーの在職保有年数は3年であり、ケンブリッジでは2年である。ドイツでは、レクトール・マグニフィクス（the Rector Magnificus）として知られる長官（the chief administrator）は、さらに短く1年の在任期間であった。ドイツの教授集団は、ヒトラーが彼の権威を確たるものにするために大学を乗っ取るまでは、完全な自治を享受していた。

中世（4〜15世紀頃）を通して、イタリアの大学では、学生たちが行政部のすべての地位を占有し、学生による立法議会は、教授たちの報酬、講義時間の長さを規定した。また、この立法議会は、遅刻した教授や学生の期待に反する講義を行った教授たちに科す罰金を管理する規則を定めた。結局は、市政府が、教授たちの給料を払い始めたとき、他の理由も加わり、学生たちの勢力は弱体化した（Schachner, 1962: 161-167）。しかし、市当局は、一般市民からなる評議会（Boards of Trustees）を自ら任命することで、大学を管理下に置き、市当局は教授たちと学生たちの管理者となった。ライデン大学は、このイタリア・モデルを採用し、1582年に設立されたエディンバラ大学は、ライデンの行政モデルをまねた。

アメリカ合衆国では、独立革命以前に9つのカレッジ（colleges）が設立された。大学（university）の用語は、独立戦争に勝利するまでは使われなかった。1780年、ハーバード・カレッジは、「ケンブリッジの大学」（University of Cambridge）と呼ばれた。しかし、「大学」というタイトル（肩書き）を最初に使用した大学は、フィラデルフィア・カレッジ（the college and academy of Philadelphia）であり、それは1791年のことであった。ロードアイランド・カレッジは、1804年にブラウン大学に、イエール・カレッジが、1887年にイエール大学になった。キングズ・カレッジ（The Kings College）は1912年にコロンビア大学となり、1896には、ニュージャージー・カレッジ（The College of New Jersey）がプリンストン大学となった。これらの大学の創設者は、英国とスコットランドの大学にならった（Fletcher, 1968; Frost, 1973: 342-344）。

南北戦争の後、大学が急速に拡大発展した。知識の発見と伝達、これらの社会的ニーズへの応用を強調する近代の大学の理念の発達は、凄まじい産業の発展とドイツの大学の影響から生じた。工業化社会は、多種の技術、新しい科学的プロセス、新しい種類の能力を要求した。特に19世紀半ば以降、多くのアメリカ人がドイツの大学で学んだ。この時期に約5,000名のアメリカ人がベルリン大学に登録した。また、大体同数の学生たちが、それぞれライプチヒ（Leipzig）、ハイデルベルク（Heidelberg）、ボン（Bon）、ミュンヘン（Munich）、ゲッティンゲン（Gottingen）に登録した。ベンジャミン

（Benjamin）(1965) は、当時ドイツの大学は、学生には「何を、いつ、どこで学ぶ」について自由が与えられるべきであり、また教授は研究を行い、その結果をティーチングと出版を通して普及する自由を持つべきであると信じていたと述べている。1870年頃までに、近代の大学の機能であるティーチング（teaching）、研究（research）、地域貢献（community service）は、それぞれを際立たせ、しかもお互いに共存する形で支持されるようになった（Fletcher, 1968）。

この時期、ドイツ・モデルを手本としたアメリカの大学には、ジョン・ホプキンス、ハーバード、コロンビア、プリンストン、ウイスコンシン、ミシガン、イエールなどがあった。日本では、明治維新が、国家発展の原動力を引き起こし、国立大学の忘れられない貢献に支えられた高等教育は、政府のリーダーシップのもとに発展した。今日、日本は、世界で最も繁栄する高等教育産業の一つを持っている（Michio, 1965）。

おわりに

著者は、世界全体で、継続的で統合された一つの高等教育の歴史が存在することが可能であると主張するつもりはない。しかし、近代の大学は、数千年におよぶ人間の努力の結果成し得た発展過程の結果であると結論づけることは難しくない。中世のヨーロッパの大学は、すべて新しい概念（concepts）ではなく、古代の世界に刺激され仕向けられた段階であった。進んだ文明の出現とともに、組織・制度は、その時代と環境のニーズを満たすようになった。高等教育機関が、エジプト、メソポタミア、インド、スリランカ、イタリア、フランス、英国のどこにあろうが、これらの高等教育は、宗教的な組織・制度と密接に結びついていた。そこでの高等教育は、神学や宗教学が学問の中心であり、聖職者によって支配されていた。権利と特権ないし君主による設立認可の授与、これらの組織・制度のすべてに関わる管轄権、そして集合人格を認めたことは、考古学者によって発見された岩の碑文（the rock inscriptions）、紋章（seals）、そのほかの人工遺物（artifacts）を検証するとき、疑問をはさむ

余地はない。同様に、今日まで続いた、君主による土地供与にみる寄付行為や、高等教育機関によるこのような資産の所有は、古代と中世の両時代にいくつもの高等教育のセンターが存在していたことを証明する明白な証拠である。

[訳者注]
1) Alcuinus（735-804）。イギリスの神学者、教育家。イギリス名を Ealhwine という。ヨークの大聖堂付属学校で古典教育を受け、後に同校の校長となる（778）が、カルル大帝に請われてその宮廷に仕え（781）、教会と教育の改革に尽力する。当時主としてイギリスの僧院に保管されていた高度の学問文化を伝えカロリング朝美術に貢献した。晩年フランスのツールの修道院長になり（796-804）、同院の改革を行うとともに多くの後進を養成した（ブリタニカ国際大百科事典より）。
2) 経験豊かで資格を有する教師と言う意で、あえてカタカナ表記のマスターを使用した。
3) ジャック・ヴェルジュによれば、「中世ラテン語では、大学はストゥディアム studium ともウニヴェルスィタス universitas とも言った」（大高順雄訳『中世の大学』1979年、みすず書房、p.48）この文では、大文字で始まる Studium と不定冠詞のついた a stadium を使い分けている。
4) カソリック教の倫理を定めた法。
5) アベラールは、唯名論のロスケヌス、実在論のシャンポーのギョーム、神学のランのアンセルムスに師事したが、いずれの師とも対立し、論戦によってその名を高めた。哲学上は概念論の立場に近く、道徳では意図と良心を重視する。その神学的著作『肯定と否定』（Sie et non）は独特な弁証法的方法ゆえに重要であった。それを適用した三位一体論が異端とされたほか、晩年にはクレルボーのベルナルドウスの激しい攻撃を受けた（ブリタニカ国際大百科事典より）。
6) グラティアヌス法令集（Decretum Gratiani）：カマルドル修道会士、マギステル・グラティアヌスが1139～1150年頃にかけて編纂し、キリスト教会規律のほとんど全分野を網羅した、3,800項目に及ぶ法令集『競合する教会令の調和』（Concordia discordantium canonum）の略称。諸大学でテキストとして用いられたばかりでなく、ローマ教皇庁内で権威書とみなされ、『教会法大全』の主要な部分をなし、1918年に施行された現行のカトリック教会法典である『コーデックス・ユリス・カノニチ』の重要な資料となった（ブリタニカ国際大百科事典より）。
7) Antiqua は、特に古代ローマ、ギリシャを指す。
8) 「ボローニャでは、学生のほとんどが二十歳をはるかに越えており、特にドイツ人学生の中には裕福でしばしば貴族の家庭に属するものがいた。そのおかげで、学生同士で団結したり、自由都市と交渉したりするにあたって、成熟と確信の度がパリよりも大きかった。学生たちは、躊躇することなく何度も繰り返して、ヴィチュンツァ Vicenza（1204）、アレッツォ

Arezzo（1215）、ヴェルチェルソ Vercelli（1228）などの地に『退去』を敢行した。最大のものは、1222年にパドヴェ大学を創立させた『退去』である」（大高順雄訳『中世の大学』1979年、みすず書房、p.38）。

9) 大学によって、学長または名誉総長をさす。12～13世紀のヨーロッパの主要大学では、創立以来学長はチャンセラーと呼ばれてきた。パリ大学設立以前はノートル・ダム大聖堂参事会付属学校の長をチャンセラーと称した。チャンセラーは司教の名において教授を総轄し、学位を授与し、大学内のすべての職員に対して司法権を行使した。しかし13世紀末以降、その権限は制約されて単なる名誉称号となり、実権と学位授与権はレクター［Rector：訳者入］の手に移った（ブリタニカ国際大百科事典より）。

10) 英国の中世の大学では、学位授与者が最初の講義をする儀式：学位授与式。

11) カソリック教会における、ローマ教皇に次ぐ高位の聖職者のこと（ブリタニカ国際大百科事典より）。

12) 英語名、Peter Abelard; フランス語名、Pierre Abailard; ラテン語名、Petus Abaelardus（1079-1142）。中世最後の偉大な哲学者。ギリシャ語やアラビア語の文献がラテン語に翻訳されるようになり、それまでの伝統を維持する学問から、新しいアイデアに取り組む学問に変わったちょうどその変わり目に、彼の哲学者としてのキャリアを終えたことから、中世最後の偉大な哲学者と呼ばれる（"The Oxford History of Western Philosophy," edited by Anthony Kenny［1994, p.80］, Oxford University Press より）。

13) ギラルドス・カムブレンシス（1146-1223頃没）は、ウェールズの歴史家、ウェールズのセント・デービッズ市の司教に指名されたが、カンタベリーに対するウェールズの独立教会の出没を恐れるイギリス教会の反対にあって実現しなかった。しかし、他のいくつかの要職につき、1181年には第3次十字軍参加を呼びかける説教活動を行った（ブリタニカ国際大百科事典より）。

14) オックスフォード大学の神学者、ジョン・ウィクリフ（John Wycliffe, 1328/9-1384)は、著書やオックスフォードでの教授を通して、腐敗したカソリック教会を批判し聖書主義を説いた。彼の活動は、後にロラード派（Lollard）の改革運動（1382-1430）に発展する。「ロラード」の用語は、疑問視される宗教的見解を罵倒する言葉として使われた。15世紀後半、この運動は下火となったが、後のフスやルターの宗教改革に影響を与えた（http://www.exlibris.org/nonconform/engdis/lollards.html 及びブリタニカ国際大百科事典より）。

15) スコットランドのセイント・アンドリューズは、8世紀新しい聖堂が建設されたのち宗教の中心地となる。908年司教座が置かれ、12世紀にはその司教区はスコットランドで最も重要なものとなり、1472年に大司教区に昇格し宗教的に重要な都市となる。1411年、スコットランドで最初の大学、セイント・アンドリューズ大学が創設される（ブリタニカ国際大百科事典より）。

16) グラスゴは、スコットランド南西部、ストラスクランド県の県都。（同上）

17) ヨセフス・スカリゲル（1540-1609）は、フランスの古典学者で、近代的な本文批評の基

礎を確立し、古典の校訂、注釈に優れた業績を上げたことで知られる。イタリアのフランス文学者、J. C. スカリゲルの子で、ボルドーで教育を受け、1559年パリに出てギリシャ語、ラテン語、その他の言語を研究した。1562年にプロテスタント教徒に改宗する。その後フランス、ドイツ、イタリアの各大学で古典を研究し、1572年8月のサン・バルテルミの虐殺事件後、ジュネーブに行き、そこで哲学を教えた。1574年フランスに帰国、1593年ライデン大学教授となり、当時の最も優れた学者の一人に数えられた。主著には『暦の訂正について』などがある（ブリタニカ国際大百科事典より）。

18) パラクラマバーフ1世（1123〜1186）のことで、スリランカの王（在位1153頃〜1186）。分裂状態にあったスリランカを統一し、スリランカ史上で最も偉大な王の一人となった。国内を平定するかたわら、ビルマのペグーに海軍を派遣し、また南インドに軍隊を送りパーンディヤ朝とチョーラ朝の争いに介入した。首都ポロンナールワの多くの壮大な建造物を飾るとともに、灌漑施設の争いを終わらせ、上座部仏教の指導権を確立した（ブリタニカ国際大百科事典より）。

19) スリランカ中部、ポロンナールワ県の県都。シンハラ族の王の居住地であったが、8世紀、地方の首都アヌラダプーラがタミル族によって占領されたため、ポロンナールワが首都となった。特に12世紀、パラクラマバーフ1世の王都の頃に繁栄した。（同上）

20) スリランカ王国の最後の王朝シンハリの首都キャンディ（Kandy）から由来する。（同上）

第 3 章

高等教育拡大にともなう英国の経験

はじめに

　本章は、1940年代の小規模でそれぞれに異なる大学の集合体から、21世紀に始まったマス高等教育に対応する大学制度の構築までの、英国の高等教育の発達を追った。大ブリテン[1]の大学の起源は、オックスフォードが設立された1214年、ケンブリッジが設立された1239年の、中世の時代にさかのぼる。その後に設立された英国のすべての大学は、オックスフォードとケンブリッジによって培われた伝統と学問の基準に従うことが期待された。これは、オックスブリッジ・モデル（Oxbridge model）として知られることになった。しかし、第2次世界大戦が終結した1945年に、『ユニヴァーシティー・クォータリー』（University Quarterly）の編集者、アーネスト・サイモン（Ernest Simon）は、彼の論説の中で「英国には、大学制度はない。自治を有する16の大学が存在し、各大学は各々のやり方で発展してきた」と明言した（Simon, 1946-47: 79）。各大学は「君主による設立認可」（a royal charter）を基礎にしており、大衆も政府と同様に、大学の独立と責任は本質的なものであると考えていた。

1. 第2次世界大戦終結直後の大学

　第2次世界大戦終結で、英国の労働党政権が誕生したことと大学が復員兵に門戸を開いたことが、大学に対する非常に良い環境を作り上げた。大学は政府によって非常に重要視され、大学の目的は、国家の期待とすべてにおいて相まっているように見えた。サイモン（Simon, 1955-56）によれば、グッドイナフ（Goodenough, 1944）、マックネイラー（McNailr, 1944）、バーロウ（Barlow, 1946）、チャプマン（Chapman, 1946）のような多くの政府の報告書は、大学制度の発達を記録した。大学補助金委員会（UGC: University Grant Committee）は、要求されたように大学変革を促進するために、より専門色の強い組織に刷新された。1946年に出版された声明文の中で記述されたように、大学学長・校長委員会（CVCP: Committee of Vice-Chancellors and Principals）は、大学制度全体の共同計画の中でCVCPの役割を担うことを約束した。この協定は、さらに効力のある大学制度構築に向けた計画にとって画期的なことであった（CVCP, 1946-47）。

　一方、英国政府は大学制度の拡大に向けた準備に重要な役割を担った。英国政府と大学との関係は非常に良くなった。『ユニヴァーシティー・クォータリー』の1946～47年版は、拡大を妨げるものは財源ではなく、大学の物理的な収容能力であると述べて、財務大臣（the Chancellor of Exchequer）の先取り的な政策を評価した。サイモン（1946）は、大学は、講義教室、実験室、学寮に援助金を使うことができなかったのだと述べた。この点において政府の寛大さは大変なものであると、『ユニヴァーシティー・クォータリー』の論説は、次のようにコメントした。

　　どの国の政府も大学に、国家規模でしかも本質的に、このような自由な補助金と完全な自由を与えたことははっきり言って過去になかった。我々の大学は、大学の活動に対して示されたダルトン氏（Mr. Dalton）［財務大臣］の報恩の念に深く負うものであり、彼の勇気に心から感謝するものである（Simon, 1948: 1）。

2. 英国の高等教育制度の成立

バーロウ委員会の報告書の重要性は、多くの提案が本質的な点でなされたことであった。特にその一つは、オックスフォードの強い支持を得た学際的なティーチング（inter-disciplinary teaching）に関わるストーク（Stoke）提案であった。しかし、ストーク提案は、CVCPによって強く反対された。一方でこの提案は、1950年にノース・スタフォードシア（North Staffordshire）大学の設立に尽力することになる大学補助金委員会（UGC）によって、受け入れられた。英国の大学制度の創設に関わる重要なステップの一つは、1950年代の中央集権的な入学許可過程に関わる関心事であった。ズカーマン（Zukerman）(1958) は、CVCPに対する1957年の「大学入学申し込みについての調査」(An Enquiry into Application for Admission to University) の報告書は、1957年のホーム・ユニヴァーシティー大会の覚書」(the Agenda for the Home Universities Conference of 1957) に結実し、一連の委員会の設置に結びついたと信じた。これらの努力は、結果的に「入学許可のための大学中央審議会」(University Central Council on Admission: UCAA) の設立をもたらし、英国の大学制度を発展させ、そのプロセスにオックスフォード大学とケンブリッジ大学を組み込んでいった。英国政府と大学との関係は、1961年のロビンズ委員会（Robbins Committe）が任命されるまでは、相互に協力的であった。

3. ロビンズ報告書とその影響

中世の大学、オックスフォードとケンブリッジによる支配的な役割は、大学の選択のプロセスや独特な修養を好む貴族社会の価値体系に、社会階層の考え方を組み込むことで、英国の高等教育制度に非常に大きな影響を与えたことである。この価値体系は、教養（リベラル）の勉学や純粋科学に卓越するオックスフォードに高い地位を与えるとともに、地方大学に技術教育や職業

教育を押しつける価値体系でもあった（Halsey, 1957/58）。1956年の技術教育に関する政策文書（White Paper）は、8つの先端技術カレッジ（College of Advanced Technology: CATs）を大学の地位に昇格させるとともに、のちの継続教育（Further Education: FE）として知られることになる広範囲に渡る改革を提案した。この政策文書はまた、教育省と大学補助金委員会（UGC）との間の責任の配分に反映された。教育省はこれによって、技術教育に献身的に努力してきたイギリス議会科学委員会（Parliamentary Scientific Committee）と他の諸機関から圧力を受ける結果となった。

　イギリスは、アメリカの独立戦争の後半にアメリカと始めた科学協力を通して、アメリカの高等教育の発達に気がついてはいた。しかし、イギリスは、アメリカでの大学の萌芽はアメリカの文化的土壌に合わないと考え、これに十分な注意を払っていなかった。イギリスの高等教育は拡大したが、それ以上にアメリカの大学制度は、マス高等教育に向け急速に拡大した（Trow, 1987）。1950年代後半には、大学間では拡大路線に対する強い関心がなかったが、大学補助金委員会（UGC）は、独自の判断で新しい要求に応えるためにサセックス（Sussex）を皮切りに大学を新設していった。この点から、1963年のロビンズ報告書は、イギリスの高等教育にとって分岐点であった。ロビンズ報告書は、成長の必要性やいっそうの社会的公正さにおいて急進的であったが、実行のための枠組みは保守的であった。ロビンズは、大学の学生数を増やすことで、大学の拡大を推奨した。加えて、大学カレッジ[2]（the university colleges）を地方教育局（the Local Education Authorities: LEAs）から新たに提案された大学補助金コミッション（University Grants Commission）に移行することによって、大学制度の強化に努めた。

　英国政府は、ロビンズの主要な推薦を受け入れ、CATsを大学の地位に格上げした。それゆえ、この重要な変化は、次の20年間の発展計画において、イギリス高等教育の方向性を決定づけた。しかし、トロウ（Trow）(1963-64)は、彼の論文「サイズとシェープに関する疑問」（A Question of Size and Shape）の中で、ロビンズは、学生たちの座席数（student places）に対する予想される需要を過小評価していると明言し、ロビンズの推定は、学生収容数の拡大の計画を描いているのか、高等教育制度の計画を描いているのかど

ちらなのか、どちらが質の要求に対応できるのかを問うた。

4. 高等教育の二重制度

　ヴェナブレス（Venables, 1965-66）によれば、UGCの委員長、クロスランド（Crosland）は、1965年のウールリッチでの演説で、総合制高等教育部門（a polytechnic higher education sector）の創設を公表したが、これは、ロビンズ計画に耐え難い打撃を与えた。ロビンズは、途方もない学生座席数、2万席を提供して1970年代の拡大を実行するために、10ある教育カレッジ（colleges of education）の大学への格上げを勧告した。しかし、クロスランド案は、30の総合制高等教育機関を設立することで、大学の部門に代わる高等教育部門を創設することであった。しかし、この総合制高等教育機関の設立と教育カレッジを大学に格上げしないという政策決定によって強化された「公立部門」（the public sector）は、大学に大変重要な影響をもたらした。第1に、政府は、大学が極端に利益を得ないよう高等教育に圧力をかけるために、新たな手段を作り出した。第2に、総合制高等教育機関は、学位取得の課程（degree programs）と学位取得を目的としない課程を準備した。これは、大学がトロウやリースマン（Riesman）によって主張された見解を受け入れていたなら、大学が準備することができたはずのものであった。第3に、新しい部門の創設は、大学の伝統的価値観を強化した。ロビンズの勧告には、大多数の学生は研究を使命とする大学で教授されるべきであることが暗に含まれていた。しかし、研究における貢献と成果において大学間で大きな差異があったことは統計的にも明らかであった。

　1963～1965年の間、英国はロビンズ勧告による枠組みの上に高等教育制度を作り上げたが、1965年以降は、総合制高等教育機関の設立で、それまでの制度はこの二重制度によって破壊された。この二重制度の下で、急速に大学に酷似していった総合制高等教育機関もあったが、法律上の地位を欠き、資金構造も十分でなく、社会的評価も低かった。アメリカの大学に比べ、英国の大学は、高等教育の二重制度の実施によって、小規模なままで弱体化していった。

新しく設立された市立大学、あるいは新設大学、そして技術系大学（technological universities）は、古くから存在し伝統を重んじる大学にとって脅威となった。英国のオープン・ユニヴァーシティーが開設された1970年までに45の大学があり、そのうち50%は1960年代に設立された。1974年、オイル・ショックによる経済の落ち込みとインフレの圧力から、それまでの5年ごとの資金提供だったものが、1年ごとの援助金制度に変更された。この変更は、大学の計画立案と実行に不利益をもたらした。UGCが新設された教育・科学局（Department of Education and Science）に移されたことは、大学が他の教育部門と補助金をめぐって競争しなければならないことを意味した。管理官や検査官を大学会計にアクセスできるようにした規定は、大学の会計と経営に対する監視をより強化することとなった。これは、UGCが財務省管轄下にあった時には決してなかったことであった。

　しかし、大学と「大学学長・校長委員会」（CVCP）は、大学に対する政府や大衆の態度の中に生まれていた新しい心的変化を理解できていなかった。これは、メリソン（Merrison）（1975）によって書かれた非常に重要な論文からも明らかとなる。メリソンは、元オックスフォード大学教授のL. C. ハント（Lord Crowther Hunt）が教育・科学省長官（the Minister for Education and Science: DES）に任命されてまもなく、CVCPの委員長になった人物である。メリソンは彼の論文の中で、大学は政治的プロセスとの接触を失い、教育・科学省長官と大学との関係はひどく衰退した。しかし、ハロルド・ウィルソン（Harold Wilson）が首相の時、ハントは、政府が大学について政策を持ち合わせているか確認するためウィルソン首相に面会した。その時、首相は高等教育の政策は特にないことを漏らしたという記録を残している。上述した点から、ウィルソンが首相になったとき、彼は大学に関する政策を練り上げることを望んでいた。しかし、大学とCVCPは支持を広げる機会をうまく利用しなかったのである。

5. 国によるコントロールの出現（1979-1996）

　1979年に誕生したマーガレット・サッチャー（Thatcher）内閣は、大学に、彼らがこの国の政治プロセスを十分に理解することができなかったという現実を突きつけた。新政府が誕生して数日も経たないうちに、大学は留学生の教育のための3年間の援助金、約1億ポンドを失った。政府が保証したにもかかわらず、UGCはさらなる削減があることを発表した。UGCの委員長は、年間補助金の不確実性に対処するよりはむしろ、計画されていた構造改革のための1984～85年の資金提供について、より十分な理解を求めるため、政府の上部に理解を求め奮闘した。1981年7月1日づけの「運営補助金に関する書簡」（The recurrent grant letter）は、多少長期的計画を可能にしたが、削減の規模と特定項目に対する予算削減の動きが、それまでの大学とUGCの関係を大きく変えた。

　過去に、大学は、大学教授や研究者で支配的に構成されていたUGCを批判的友人と見ていた。UGCは、過去の支出にもとづいて資金を配分したが、学生数の増加にもかかわらず、1970年代のユニット・コストは約10%縮減された。17%の削減があった1981～82年から1983～84年までの3年間、UGCは学生数の削減を課した。委員長の説明によれば、UGCが大学制度の真の沈滞兆候に気づいたとき、UGCは、削減した資金を違った形で分配することを決定し、大学によっては他の大学よりさらに厳しい立場に立たせることになると判断した。この決定は、広範囲で議論と批判を引き起こしたが、これはまた、英国制度の中での大学のヒエラルキーの現実を示すものであった。UGCの態度の変化は、1980年のUGC委員長からCVCPに送られた次の書簡からも明らかである。

　　今まではUGCが慣習的にまた必要に応じて介入していたが、将来において各大学の運営・自治に対するUGCによる直接的な介入がさらに進むことだろう。…UGC委員会は、あなた方のどなたとも同じぐらいに、大学の自治の忠実な擁護者であることを、私はつけ加えておきたい。

この関係の変化によって、UGCは、大学の権利を擁護するための、代弁者というよりはむしろ、政府の一部門として大学から見られるようになった。これは、UGCの伝説とされていた「仲介役」(buffer) としての信用を保つことを難しくした。大学に押しつけられた資金削減は、各大学で課題が混在していたこともあり、ある大学は支援され、ある大学は不利益を被るように実行された結果のほんの一部であった。しかし、この変化は、大学部門に対する注目に値する再評価の現われでもあった。多くの敗者は、過去に先端技術カレッジであった総合制大学（ex-college of advanced technology: CATs）であったが、敗者の中には、キール大学（Keel）やわずかではあるが新設大学が数校、アベディーン（Aberdeen）のような古くからある財団も含まれていた。オックスフォード、ロンドンや1960年代に設立された比較的新しい大学、それに2つの元CATsは勝利者であった。

　1981年の資金削減の押しつけは、その後議会やほかの場所で論争を引き起こし、高等教育に関わる重要な構造上の問題を提起したが、解決策を見いだすのに10年を要した。1982年、政府は、UGCと並行して機能する組織として高等教育の「大学でない大学の部門」(non-university sector) を調整する「公立高等教育部門のための国家顧問評議会」(the National Advisory Board for Public Sector Higher Education: NAB) を設置した。1983年に財務長官は、高等教育の将来についてNABとUGCの両方の意見を求めた。UGCは、投資に対してより価値を得るために競争力のある研究機関としての役割を継続し、英国の研究の競争力を維持するために、公立の高等教育部門に関する説得力のある意見を提示した。しかし、UGCはまた、NABと共同で、変化した環境の中で、公立の高等教育が継続教育（continuing education）を維持、加速しなければならない一方、妥当な研究機能を持つ必要性を強調した意見書も提出した。

6. 英国高等教育の構造的変化

しかしながら、1985年に出された政府のグリーン・ペーパー（Green Paper）[3]は、レベル資金活用（level funding）を主張するUGCの立場を支持しなかった。それゆえ、1985～1992年に起きた変化は、英国の高等教育の憲法上最大の激変を引き起こした。クロアム委員会（The Croham Committee）は、UGCの改革について報告し、公的な説明責任を果たすよう要求した。シャトック（Shattock, 1994）によれば、UGCは、大学財政評議会（the universities funding council: UFC）に取って代わられた。1988年の教育改革法は、地方当局から公立高等教育管轄権を取り上げ、新しく設置された総合制大学・カレッジ財政評議会（Polytechnics and Colleges Funding Councils: PCFC）にこの管轄権を与え、PCFCは、UGCと同様、国務長官の指揮下に置かれた。1987年、研究評議会の顧問会議（Advisory Board of the Research Councils: ABRC）は、研究（R）、教授（T）、研究と教授の混合（X）のカテゴリーによる大学の識別制度を提案した。

1992年には、ABRCは、科学・技術局（the Office of Science and Technology: OST）に取って代わられ、内閣内の異なる長官の下に置かれた。1995年にOSTは、通商・産業省に移された。これらの変化による影響や、後の雇用省（the Department of Employment）と教育省（the Department of Education）の合併の影響については、長期的考察によってのみ評価することができる。UGCの最後の委員長であり、UFCの最初の長官であったスウナートン－ダイヤー（Swinnerton-Dyer, 1991）は、1988～1991年の間の大学部門の変化を振り返り、高等教育機関は、可能なら獲得したかった学生たちに対してより、大学がすでに受け入れている学生に適切なコースを準備して教える義務があると述べている。大学と総合制高等教育機関の両方に、「エリート」（elite）と目される者を受け入れるに十分であると誇る機関があまりにも多く存在した。それからまもなくして、1992年の継続・高等教育法（the Further and Higher Education Act of 1992）が、総合制高等教育機関を大学に格上げした。

1980年代に、教育・科学省（DES）で高等教育と継続教育を担当した行政官が、政府が高等教育の問題にどのように取り組んだかを説明している。高等教育の発展のための同意された計画があったわけではなく、政策は主として、政府、高等教育制度それ自体、政治システム内の圧力に反応してなされたと、彼は述べている（Bird, 1994）。彼はまた、高等教育政策において明白な明快さと一貫性はなかったことを認めているが、学生の登録者率は、1970年の15%から1995年に31%に増加した。しかし、度重なる内部機能審査に加え、高等教育部門の計画に対する政府の無関心さは、財政危機を引き起こし、デアリング委員会（Dearing Committee）が、これを解決するために設置された。ロビンズ時代以後最初の急激な変化は、石油危機の1974年に起きた。その年それまでの仕組みは崩壊した。高等教育をめぐるコントロールの行使は、イデオロギーや教育理念によって行われたのではなく、むしろ説明責任の要求と公的支出額の目標を超えないという必要性によるものであった。

7. 英国高等教育制度設立に向けた最後の段階

イギリス高等教育制度創設に向けた一連の最終ステップが「高等教育：新しい枠組み」（Higher Education: A New Framework）という政策文書、それに続く「1992年の継続教育と高等教育法」（Further Education and Higher Education Act of 1992）に具現化された。これらのステップは、大学部門の中の総合制大学機関とその他の機関との合同による二重制度を終結させた。しかし、アカデミック・コミュニティーは、イングランド、スコットランド、ウェールズの各高等教育財政評議会と北アイルランド教育省の4つの財政機関内の官僚体質が、高等教育機関に利益をもたらすと考えられる地域の多様化を抑制するのではないかと恐れた。4つの財政評議会は、高等教育機関が成長するために必要な自由を与える代わりに、彼らが獲得するはずの学生数以上の学生数を取り上げ、高等教育機関を拘束した。

第2次世界大戦後50年以上にわたり、英国は大学制度がない18の自治大学の状態から、105の大学をともなった、はっきりと形作られた大学制度に移

行した。しかし、この制度は、深刻な弱点と不安定さを被っていると信じる研究者たちも存在する。イニシアティヴ、柔軟性、多様性を期待する分権主義にもかかわらず、4つの財政評議会は官僚モデルの中央コントロールにあまりに固執するように見えた。研究評価の行使とティーチングの質改善の経験は、英国の高等教育制度全体の中央統制を推し進めていった。資金評議会の強力な後押しによる研究評価の実施は、少なくとも研究において大学間の格差を再認識させることになった。

8. 中央統制のインパクト

　大学はそれぞれの使命を発展させ創造的に多様化することが可能であるという観方を持ち、急速な成長期における競争的内部市場（a competitive internal market）に依存する努力は今のところ成功していない。全体に切迫した財政難の時期に、比較的多くの資金を得た研究の状況と連結した、研究評価体制により形成された文化の影響による支配は、米国や日本の研究評価体制に似たモデルの出現を妨げた。識別化に導くことができたはずのモジュール化（modularization）やセメスター化（semesterisation）の導入でさえ、わずかな例外を除いて、多くの大学によって採用された。ティーチングの質の評価も、目的の適切性を強調して多様性を推進する試みではあったが、全体として研究を主体としたヒエラルキーに合致していった。継続教育は、効果的なコミュニティー・カレッジのグループを形成する代わりに、大学制度の一つの共通領域として発達してきた。このセクターはまた、ウェールズを除いた地域で、中央で運営する形態をとっており、財政的に実行可能なように、高等教育と継続教育は同一の機関によって資金提供されている。
　1990年代の異常とも思える高等教育の拡大は、主として大学で起こった。1995～1996年に英国では大学生数は124万人であり、その数は1992年以前とそれ以降に設立された大学の間でちょうど二分する状態であった。そして、他の高等教育機関での在学生数は26万人にとどまった。英国の大学制度は、かなり不十分な財政に基づいた中央集権的運営によるものであり、この制

度によって、研究の名声による地位とのつながりを保ちつつ、学問的基準にはだいたい、共通アプローチを取っていることは明らかである。また、ほとんどの高等教育機関に対して失敗・欠乏の感覚（a sense of failure）を強めさせる一方、競争心を刺激する歴史的要因にもとづく大学のヒエラルキーも存在する。1990年代初めの拡大は計画性のないものであったし、大学から学生数をコミュニティー・カレッジのような他の高等教育機関に移すには遅すぎたのである。中央コントロールのために、イギリスの大学制度は、革新や発展を妨げる拘束服として機能するように成長してしまった。この点から、非常に厳しい競争的環境の中で、各高等教育機関が特徴的イメージを作り上げるために革新的で創造的である必要があり、高等教育機関のイメージを多様化するという意味で、諸財政機関にとっては、最も重要な時期であった。

9. 英国の大学とインテレクチュアル・ライフ

産業社会の特徴の一つは、インテレクチュアル・ライフ（Intellectual Life）を形成する中で、大学以上に中心的な地位を占めたものはなかったことである。ジェームズ（James, 1956）は、19世紀の初め、科学、哲学、歴史の中の有名な名前は、大学名であったことを指摘する。現在社会では、大学（もし独占しないとするなら）は、多分美術と陶芸を除いたすべての科学と人文科学の分野をリードしている。もし私たちが歴史的発達の一般的概念を受け入れるなら、2つの極端な社会を仮想することができる。すなわち、貴族・封建社会と産業・科学技術社会である。この両極端な2つの社会は、インテレクチュアル・ライフを、前者から後者に移行する過程で取り除くことのできない鎖によって連結されているものと見なす。

古代と中世の高等教育機関を考察する読者にとって、人文学（humanities）は、歴史的に貴族やエリートの伝統と結びついていることは明らかである。形式的教育（formal education）の教育機関でのこの特徴は、貴族社会、その宗教関連行政、世俗的行政による職業のニーズから生じた。既得利益のため、人文学は、中世に基盤をなすヨーロッパの大学で最も勢力を保ったが、近代産

業を基礎に置くアメリカ社会では、最も自信のない最も守勢の分野である。一方、テクノロジーは、現代の応用科学の顕著な発展を促し、新しい産業源（industrial sources）からの支持を得、市民の生活水準向上と国防に関心を持つ政府の後押しを得た。しかし、テクノロジーはまた、より古い伝統のある諸学問が有する堅固で障害とも思える力に対する劣等感からくる欲求不満や怒りも持っている。しかしながら、英国の大学の状況は、英国が西洋文明と産業（工業）主義の両者において、古参の地位にあることから、特に興味深い。また他方で、第2次世界大戦後、英国は多くの変化を経験した。特に社会階層間の変化を経験した。これらの変化は、リベラル・アーツ教育の位置づけを含め、対立するテクノロジーとのバランスを取るという困難な挑戦を大学に求めた。

　ハルセイ（Halsey, 1957-58）は、英国の高等教育制度の一つの特徴は、大学に入学する機会は異なる社会階層間でかなり不平等に分配される一方、全人口の3～4%のみが大学に入学できるという意味で高度に選別的であると主張する。イングランドは、工業化された国のどの国よりも、人口千人当たりの大学生数の割合が低いと思われる。1950年代半ば、サイモン（Simon, 1956）によって行われた比較調査によれば、スコットランドはイギリスの2倍、オーストラリアとカナダは3倍、ロシアは3倍、USAはイングランドの9倍であった。オックスフォードやケンブリッジのような中世の大学は、イギリスの大学機構の中で特別で支配的な地位を常に占めてきた。両大学によって獲得された名声や威信は、両大学の自己イメージと一般市民の心の中に、他のすべての高等教育諸機関との違いを培っている。この認識は次の事実からも分かる。100校以上も大学があるにもかかわらず、ザ・タイムズやマンチェスター・ガーディアンの新聞社は、今でもスポーツ・コラムの一つを「ザ・ユニヴァーシティー・フットボール・マッチ」（"The University Football Match"）という題をつけて掲載する。この2つの新聞社は、読者はこの試合がサッカーの試合ではなく、ラグビーの試合で、しかも、オックスフォードとケンブリッジの試合であることを知っているという前提に自信を持っているのである。

　この2つの大学は封建制のもとで誕生した。しかし、自然科学がその発達において、高度に訓練された科学技術者の今日的需要を可能にし、自然科学が

真剣に扱われるほど十分な力を持つ段階に達する前に、この2つの大学は、十分にその地位を確立していた。さらに、この2つの中世の大学は、イギリスの経済・社会生活の支配的な動向・風潮により近く、直接的に影響を受ける高等教育機関の没落のプロセスからはほど遠いところに位置している。では、新設大学（'Redbrick University'）が未来の大学であると言えるかというと、そうも言いがたい。オックスフォード大学は、イギリスの教育、インテレクチュアル・ライフの機軸であり、確固とした地位を決して失ってこなかったことは明白である。

10. ロンドン・オックスフォード・ケンブリッジ軸

シルズ（Shills, 1962）は、彼が名づけたロンドン・オックスフォード・ケンブリッジ軸（London-Oxford-Cambridge axis）を根拠に、戦後の貴族的紳士文化復活の成功と、1世紀近くも後退した後の知識人の運命を決めるこの文化の優秀性の復活について説明している。オックスフォードが傑出した理由の分析で、この2つの大学は、次の2つの共通の要因のためチャンピオンであったことは明白である。1つは社会的要因そしてもう1つは教育的要因である。社会的には、この2つの大学は貴族社会を温存してきた。また、ごく最近では、若い入学者たちを英国の政治、ビジネス、専門職のエリートに育成するため、諸大学を同化してきている。教育的には、この2つの大学は、たとえば、「訓練」（training）に対し「教育」（education）のように、狭い専門職主義（professionalism）に対して広範なヒューマニズム（humanism）を擁護した。この傾向は、科学をより重視しプロテスタントの価値観を有するケンブリッジより、オックスフォードにいっそう顕著に現れていた。この2つの大学はまた、知識の促進と保持に貢献する学問に重心を置いた高等教育機関である。カレッジ（寮学部）の学部学生の生活は、人格に注意を払う紳士教育、体格づくり、頭脳の微妙なバランスを維持してきた。他方において、高い学問レベルが、富裕層によって十分に維持されない場合、学問のレベルにおいて譲歩しつつ、学部学生に対する奨学生枠を修正し一般大衆の要求を満たすことで、

それを維持することになる。19〜20世紀の近代大学の基礎は、貴族的紳士文化よりは、中産階級 (bourgeois) の文化と結びついている。

　公立の学校制度と提携したオックスフォードとケンブリッジは、中産階級の高まる基本要求を両大学の軌道に乗せ、紳士育成のための伝統的観念を最小限修正し、中産階級の子弟を教育することができた。両大学が最も名声ある職業へ入る手段であるというこの確固たる確信は、失われなかった。19〜20世紀の帝国権力 (imperial power) としての英国の成功は、不滅の効率性と普遍的判断基準で指揮された植民地の行政官たちに起因する。これは、英国の教育機関の効力を示している。これらの教育機関では、古典の研究やリベラル・アーツに高い価値が置かれた。このような伝統から、ヒューマニティーは、社会科学の影響に対して、アメリカ合衆国よりはむしろ英国でよりうまく闘うことができた。

11. 現在の状況

　2001年9月、ブリテンには90の大学が存在する一方、これらの大学と提携を持ちつつ、ロンドンとウェールズの大学連合は約24の独立した高等教育機関を有し、自治を有する大学は100を超えた。これらの大学は、直接的、間接的に政府から資金が提供されている。大学に対する主要な資金源は、イングランド、スコットランド、ウェールズの3つの財政評議会 (funding councils) によって配分される一括補助金 (block grants) であり、1999〜2000年度の大学の全体収入の40.3%に当たった。しかしながら、公的資金の減少と大学に民間による支援を求めるよう奨励する政府の政策は、近年の非政府収入の増加を引き起こした。いくつかの大学の大口収入は、4つの資金源から獲得される外部からの研究収入である。第1の資金源は、政府研究審議会からのフェローシップ (fellowships) や補助金である。第2の資金源は、慈善財団、そして第3の資金源は、契約による研究である。かなりの資金はヨーロッパの研究プロジェクトや産業界からのもので、これは英国の高等教育機関の全体収入の15.4%、約20億ポンドであった。最後の資金源は、学生の授業料であった。

これは1999～2000年度の全収入の22.5%に当たった（CUYB, 2002）。

英国の大学は、9月ないし10月に始まり6月に終わる。入学制度は、大学・カレッジ入学サービス（the Universities and Colleges Admission Service: UCAS）によって運営されている。UCASは学生の入学許可のための中央情報センターとして機能する。しかし、志願者はどの大学やカレッジを選び応募するのかは自由であり、大学がどのような選抜を行うかは自由であるが、入学は競争的である。2001年には、約180万名の学生が在籍しており、そのうち21万5,000名が留学生で、学生全体の12%を占めている。

おわりに

第1次大戦と第2次大戦の間の時期には、イングランドとウェールズの大学には3万5,000名の学生が在籍していた。1914～1918年の第1次大戦前には、学生数は2万名であったことから、3万5,000名という低い数字でも、第1次大戦以前と比較して、75%の増加をみせた。学生のほとんどは、上流階級と中産階級に属しており、労働者階級からの学生数は微少であった。これらの学生たちは、グラマー・スクールから奨学金を獲得できる者たちであった。1944年、バーロウ報告書は、有能な男女の5人中たった1人しか大学に入学することができないと指摘し、大学在籍者数80%の増加を要求した。したがって、1950年までに、大学生数は、6万8,000名に増加し、続く10年内に10万名に達した。しかし、さらに学生数は加速し、2001年には、独立した100の高等教育機関から成っている大学制度に学生数は180万名にのぼった。

[訳者注]
1) 大ブリテン：England、Scotland、Walesを含めた英国の主島のこと。
2) 先端技術大学（CATs）のようにカレッジから大学に昇格した大学群のこと。
3) 'Discussion Paper' のこと。

第4章

オーストラリアの大学改革

はじめに

　オーストラリアの高等教育制度は、39の大学からなり、そのうち37校は公立、2校が私立である。憲法によって、教育は6つの州と2つの管轄区（territories）の責任とされる。したがって、オーストラリアの連邦政府によって設立された大学、オーストラリア国立大学が1つ存在するが、大学は、州もしくは2つの管轄区の議会によって設立され承認されなければならない。しかしながら、大学は、連邦政府からの運営援助金[1]（recurrent funding）、新規事業援助金[2]（capital funding）、研究援助金（research funding）に依存しているので、コモンウエルス（the Commonwealth）、ないし連邦政府（the Federal Government）は、この財政権力を通して、すべての大学をコントロールしている。各大学の正式の意思決定機関は、大学審議会、大学理事会ないし大学評議会である。これらの組織構成メンバーは政府、産業界、地域社会、大学教員、卒業生、学生から選出されるが、最高位が理事長である。一般に、理事長は尊敬される地域社会のメンバーであり、この意思決定機関から選出される。理事長（Chancellor）は、この意思決定機関のミーティングや、大学の入学式や卒業式のような儀礼的な行事で議長を務める。理事長はまた、副理事長（Vice Chancellor: VC）を選ぶ選出委員会で議長を務める。

　学長（President）である副理事長はCEO（the chief executive officer）

であり、大学の教学上の運営や行政上の運営に責任を負う一方、意思決定機関に対して責任を負う。大学の学年は、2月下旬か3月上旬に始まり、12月末まで続く。ほとんどの大学は2学期制（a two semester system）を採用しているが、夏学期を加え、年3学期ベースで運営する大学の数が増加している。1999年に、高等教育制度を通して高等教育課程に在学した学生数は、68万6,267名であった。そのうち59.3%はフルタイムで勉学する学生で、女子学生は全体の55%にのぼった。臨時教職員を除いた、常勤の教職員（full-time equivalent staff）の総数は、8万832名であった。女性教職員数の割合は常勤の73.3%を占め、これはパートタイムの教職員の総数と同等であった。指摘しておきたい点は、2004年以降、臨時教員と一般事務の臨時職員の数が増加傾向にあることである。

1. マス高等教育からの挑戦

　高等教育のエリート制度から大衆制度への移行は、第2次世界大戦後、ほとんどの先進国で起きた国際的現象であった。この現象は、人口的、社会的、経済的な圧力が組み合わされて起き、これらの圧力は一般的に、高等教育機関では、年齢グループの大学への登録者数の割合に反映された。トロウ（1974）やOECD（1993）によれば、この登録者数に基づく高等教育制度のカテゴリーが、15%以下の場合はエリート制度、15〜35%の間であればマス高等教育制度（mass system）、35%以上であれば、高等教育制度のユニバーサル化（universal access）であると考えられるという。高等教育拡大の要求は、ベビーブームや、より多くの学生を受け入れる制度によるパイプライン効果によって引き起こされた。これらは、高い在籍者維持率（retention rates）、社会的態度、社会的期待、そしてまた、工業や商業への労働力の需要の高まりによって後押しされた。それゆえ、1940年半ばまで存在した、大きな自治権を有した高等教育機関によるエリート制度とは対照的に、戦後の大衆高等教育制度は次のような特徴を有した。
　① 知識の生産と普及を超えた高等教育の拡大された目標

② 組織、行政、ガバナンス構造の多様化
③ 学校、技術・継続教育（TAFE）部門のような教育セクター、国全体の社会・経済的目標と、高等教育との明瞭な連結
④ より多くの異なる顧客、資金の増加、プランニングと政府による調整と統制

高等教育の拡大された目標に関して、高等教育制度には、社会のすべてのセクションに対して、よりいっそう平等な機会を達成する重要な役割を果たすことが期待されている。高等教育機関は、生涯学習のプロセスを容易にする一方、個人の資格、動機、期待、職業への抱負が拡大する多様化への対応が期待されている。ティーチングや研究に加えて、高等教育は、地域社会へのサービス機能を果たすことが求められた。それゆえ、今日、高等教育機関は、複合的で多面的、しかも絶えず変化し続ける組織であり、制度レベルや組織レベルで政策立案者たちは厳しい挑戦が求められている。これらの挑戦は、卓越性と平等主義のための諸要求の間に起こり、構造と規模の間に起こり、個人的ニーズとあらゆる技術を必要とする経済的ニーズの間に起こり、限られた資源と広範囲な社会・経済的抑圧の中に存在するさまざまなグループの利益と期待との間に起こる。

2. 政策・財政に関する最近の改革

1980年代後半の高等教育の統一制度に向けた高等教育改革と高等教育白書の出版以来、オーストラリアの高等教育は、資金調達の競争がさらに増し営利化が進んだ。OECD加盟国の高等教育機関と同様に、オーストラリアの大学も企業的精神を受け入れ、収入源を多様化するような圧力の下に置かれることとなった。それは、雇用・教育・青少年省（the Department of Employment, Education and Youth Affairs [DEEYA]）からの運用補助金（the operating grants）以外のソースから資金を調達することであった。この時期、大学に配分される公的資金の有効的で効率的な支出に対するさらなる説明責任を、大学は要求されることになった。資金調達と説明責任の多様化へ

の圧力は、高等教育機関の間に緊張を引き起こした。

　コリー報告書（Corey Report, 1996）によれば、ほとんどの大学は、大学の資金源を多様化する挑戦に成功している。1995年には、政府は、高等教育に対して約5億ドルを支出し、高等教育機関自体は2億ドルの収益を上げており、いくつかの大学は非政府収入の増加によるかなりの余剰金が出たことを報告した。政府が、大学は高等教育予算の引受業者であるという見方を一掃しようとするとき、大学はより起業的であるべきであるという圧力を強める。1995年にホア委員会（the Hoare Committee）は、学部学生数に基づいた政府資金による成長の停止と、技術・継続教育（TAFE）と『高等教育マネジメント審査報告』（*the Higher Education Management Reviews*）を再度新に重点化したことから、この圧力はさらに強まった。競争的研究資金、コンサルタント料、産業や商業での契約や国内外の授業料に対する大学の依存度の増大により、伝統的な経営実践の再評価をせざるを得なくなった。市場からの圧力の影響は、大学教員や大学経営の態度やアプローチに、本質的な部分での変化を要求した。

　この場合、大学の挑戦は、ティーチングと研究における自由でオープンな探求と、市場圧力（market forces）によって押し付けられる、より即時的要求と優先事項との適切なバランスをどのように保つかということである。1998年、政府は、ポスト大学院コース・ワーク・プログラムに対する資金を取り消し、授業料全額を徴収するよう大学に要求し、高等教育機関の間の競争と市場圧力のもう一つの窓を開いた。問題は、学問の自治（academic autonomy）は資金源の多様性と関連しているが、影響しているものは、特定のタイプの資金調達メカニズムによって押し付けられるコントロールの構造にあると言える。この点から、市場圧力は、政府の政策以上に、学問の自治にとって脅威となっている。

　しかしながら、高等教育機関が資金源を多様化させている一方で、高等教育セクターは資金不足を報告している。大学が適切な資金援助なしに学生数を拡大しているとき、これはオーストラリアの高等教育の質、特にティーチングを脅かしている（Ramsden et al. 1996; McInnis et al. 1995）。起業的活動が非常に重要ではあるが、ほとんどの大学の収入は、ティーチングの質を維持す

るための政府資金を補てんするほど十分ではなかった。多くの国では、高等教育を受けることで得る個人的利益は、社会が得る利益に等しいか、それ以上であるという理由を根拠に、高等教育の民間資金（private funding）の相当な割合が学生の授業料からきている。これはまた、顧客がサービスに対して支払わなければならないので、提供者は、顧客のために他の高等教育機関と競争しなければならない状態に自らを置き、質を向上しなければならないという考え方である。ごくわずかな国々が高等教育に対する民間資金の獲得に成功している。フランス、ドイツ、オランダ、スエーデン、アメリカ、イギリス、日本のような国々での民間投資についての最近の研究は、非常に多くの民間資金が、研究や行政に使われたが、ティーチングにはほとんど利益がもたらされなかったことを証明している（Goedegebuure et al. 1994）。

　資金源を多様化する試みの中で、海外からの学生の市場は、多くのオーストラリアの大学にとって利益の上がる収入源となっており、大学の収入を増加させている。全額授業料を納入する留学生は、ほとんどの大学にとってビッグ・ビジネスとなり、1995年には、留学生登録数が4万名にのぼった。しかしながら、興味深い点は、大半の留学生は、経済学、ビジネス、情報技術を中心にした比較的狭い分野の講座に興味を持っている点である。したがって、多くの大学が、同じ講座を二重に開講せざるを得ない状況であり、資源を振り替えたりしているが、大学の成長の適切なバランスを妨げている。

3. 大学のガバナンス

　すでに説明したように、オーストラリアのすべての大学は、大学審議会（a council）、大学理事会（a senate）ないし大学評議会（a board of governors）として知られる意思決定機関（a governing boy）を持っている。この意思決定機関は、政府、地域社会、同窓会、教員組織、学生の代表、そして通常この意思決定機関によって任命される副理事長（the vice chancellor: VC）からなる。大学によって、意思決定機関の構成員や人数にはかなり違いがある。それぞれの意思決定機関は、CEOとしての副理事長が大学を適切に経営できるよ

うに、CEOには最高の権限と責任が与えられている。しかし、意思決定機関の役割を定義することは必ずしも容易ではない。特に、教員のコミュニティーの内外からの期待に沿うように、大学はどのように統治されるべきかについて明確にすることは容易でない。しかしながら、英国の大学と同様に、大学の認可状（the university charter）や詳細については、短く表面的である国会法（Act of Parliament）のほかには、運営に関わる各ユニット、委員会、上級行政官（officers）の権力と権限、義務と責任が書かれた文書は特に存在しない（Hoare Committee, 1995）。

大学の意思決定機関は、理事（trustees）によって大学のために構成されるが、大学のコミュニティーや政治・社会からも支持されるべきである。しかし、意思決定機関による見解は、特定の見方や見解を代表する責任を担う代表者やメンバーからなるものであり、それゆえに、彼らは、支持者に報告する義務を負うのである。「ベネッツ対ニュー・サウス・ウェールズの州消防委員会」の裁判での、ローレンス・ストリート判事による判決は、意思決機関内の代表（delegate）と理事（trustee）の役割を明らかにした。ストリート判事は、利益団体が公的機関へ委員を推薦する目的（objects）を3点記載している。

・利益グループは、適切な能力と人格的な気質を備えた者を選ぶこと。
・委員会における利益グループの考え方の普及促進と、利益組織間の連絡の手段（liaison）であること。
・委員会は、一つの統一体として、その審議において、利益グループが見解を提示することを保証すること。

そして、彼は次のように裁定した。

> 委員会に与えられた委員会運営で熟慮すべきことは、国会が委員会を設置した公的目的を前進させることである。一度グループが委員を選出すれば、彼は委員会の委員として就任する。彼を任命した利益グループに奉仕する利益と、委員会の利益との間に葛藤が起きるいかなる時でも、委員会の優先順位に従い委員会の利益に奉仕するために、主要な任務を果たすことになる（Street, 1967: 307-313）。

二重制度を取り除き全国的な統一制度を創設するに当たり、多くのオーストラリアの大学もまた、アメリカの複合キャンパス・モデル（American model multi-campus universities）に関連した組織的、行政的な問題に直面した。関連諸法が連合した大学制度のために規定を作ったとしても、このキャンパス・モデルは、従うべき明確なガイドラインもなく、オーストラリアにとって目新しいものであった。複合キャンパスを持つ諸大学の意思決定機関が直面した重大な課題の一つは、大学のミッションを実現する過程での大学全体としての諸利益と、各大学の活動を遂行する上での個々のキャンパスの諸利益との間の現実的なバランスを維持・達成する最善の方法を探ることである。ネットワーク化されたキャンパスのCEOたちが、彼らの大学の意思決機関における彼らの役割を果たす方向で、それぞれのCEOはこの課題の解決に貢献することになる。

　この責任を負う中心人物は、通常、意思決定機関の長を務める理事長（Chancellor）と、通常、副理事長（VC）である大学のCEOである。理事長は、一般に大学外部の委員の中から意思決定機関によって選出されるが、一般には尊敬されるコミュニティー・リーダーである者が選出される。理事長は、二重の役割を持っている。ひとつは大学の儀礼的なトップ、ないし名義人（the titular）としての役割と、その大学意思決定機関の長（the chair）としての役割である。つまり、オーストラリアの伝統は、実行機能と立法機能を1人、ないし1つの機関（body）に集中させ、儀礼的行事をもう1人の者が担うことである。これが、アメリカ、イギリス、カナダの伝統と明らかに異なる点である。

　オーストラリアの高等教育機関のガバナンスとコントロールのもう一つの特徴は、教授たちの組織体（the senior most academic body）と意思決定機関との間の相互作用にある。オーストラリアの高等教育制度の構造は、議会の一院制に似ている。この構造の下で、大学教授理事会（the academic senate）、あるいは大学教授会（the academic board）が、大学の教学関連事項に関連して最高の権威を与えられる。事実、アメリカ人訪問者ポッター（Potter, 1983）は、オーストラリアの制度は、アメリカの大学の代表的な教授集団である典型的な大学ファカルティー理事会（a typical faculty senate）より大学教授会（the academic board）に、より実質的な権限を与えていると述べている。また、アメリカでは大学ファカルティー理事会の勧告や助言

は、意思決定機関によってたびたび却下されるが、オーストラリアでは、このようなことが起きないことについて彼は説明している。効果のある組織上のガバナンス（institutional governance）に関わる課題は、ホアが委員長を務めた1995年の「高等教育マネジメント審査報告」（the Higher Education Management Review）の中で考察されている。

　このホア委員会は、意思決定機関の規模は、委員たちの質や彼らに提供された情報の質ほどには重要でないと結論づけたが、ホア委員会は、委員数の合理的説明の必要性と委員の適切な混合の必要性を強調した。委員会は、適切な規模として10～15名の委員数を推薦し、20名以上は、意思決定機関が提供する必要がある戦略的リーダーシップの観点から運営できなくなると述べた。この点から、オーストラリアの大学のガバナンスの構造に関する最近の2つの重要な審査委員会で、企業のイグゼクティヴが議長を務めたことは注目に値する。必ずしもすべてではないが、小さな企業タイプの組織体が望ましい点を指摘した。

4. 高等教育の経営主義

　1988年、ドウキン政策文書（Dawkin's White Paper）は、大学組織レベルでの高等教育経営に対していくつかの変更を提案した。その目的は、意思決定を迅速化し、新たなニーズと機会に迅速かつ有効に対応する能力を向上させるために、副理事長（VC）やそのほかの上級行政官の地位の権限を強化することであった。ドウキン（1988: 101）は、急激な変化の時代に質と効率を追求することは、意思決定機関による革新的な政策作成と大学組織の経営者による断固とした政策実行の両面を要求すると主張する。組織レベルでの効率的なマネジメントは、社会・政治的環境、特に事業主と経済のニーズの変化に対応するような政府の実行目標のほとんどを達成する中核として考えられる。トップ行政官の権限強化に加えて、大学は、産業関連と職場の改革やスタッフ・ディベロプメントを重視した財政と資産のマネジメントを取り入れ、戦略的計画とマネジメントを行うことが要求された。

ホア委員会（1995）は、大学運営に対してさらなる専門的で経営的な企業的スタイル（corporate style）のアプローチを要求した。しかしながら、1980年代半ば以降、オーストラリアや他の多くの国々は、教授集団中心の新しいリーダーシップのスタイルを強引に推し進めている。英国のトロウ（1994）は、「ハード」と「ソフト」の経営（'hard' and 'soft' management）のような、高等教育経営の2つの異なるアプローチに言及した。この高等教育の新しい経営アプローチは、行政と教授集団の間に必然的に緊張を引き起こす。しかし、企業スタイルの経営への積極的な取り組みは、ある特定の国の特別な出来事ではなく、世界的に、高等教育を再編成している広範な社会・経済的影響力から分離され得ないことを指摘することはそれほど難しくない。現実重視の経営（managerialism）の出現で、ほとんどの大学は、大学行政の主要な部署の責任を負う副学長代理（Deputy Vice-Chancellor: DVC）や副学長補佐（Pro Vice Chancellor: PVC）と呼ばれる上級役職（senior position）を新たに設置した。

5. 政府コントロールか大学自治か

　高等教育機関は、ティーチング、研究、地域貢献のような中心的な活動については、機関それ自体の仕組みにすべて依存することは決してしなかった。多くの西洋諸国の、高等教育制度運営に関わる政府の政策的問題の中心は、一方に中央集権化した資金、プランニング、コーディネーション、説明責任の必要性があり、他方に高等教育機関の独立行政自治があり、その間の適切なバランスを獲得する最善の方法を探ることである。1970年代以降、高等教育の分野において幅広い2つの政策戦略があったことは明白である。まず、厳格な「規則」と縮小された予算配分（tightened budget allocations）を適用した政府による強力な計画と統制。2つ目の政策は、中央統制の詳細においては、政府の優先順位の全体的な枠組みの中で、高等教育機関が運営を独立行政（autonomous）、自主規制（self-regulating）、市場原理にもとづき促進するように、政府がさらに「一歩さがって距離を置いた」（stepping back）と見え

るようにしたことである（Kogan, 1988; Kells, 1989）。

　オーストラリアや他の国の政府は、高等教育機関が国益に沿って実行するとは、もはや信じていないことは明らかである。これは、部分的には高等教育がエリートのための制度から大衆のための制度に変革したことが原因である。クロアム（Croham, 1994）によれば、サービスの公的支出が大きくなればなるほど、約束された利益が達成されることを正当化し確実にするために、政府が自らに課す圧力は大きくなる。説明責任や効率についての政府の主張は、頻繁に大学自治の敵として解釈される。さらに、クロアム（1994: 196）は英国の状況に言及して、次のように述べている。

　　　政府は、学問の自由の敵になっている。なぜなら、大学のサービスを独占する買い手として、政府は、支出額分の価値を得て自己満足するために大学経営にさらに介入するからである。

　オーストラリアの文脈の中で、マーシャル（Marshall, 1990）は、高等教育と政府との間の仲介組織（a buffer body）としての国家第3次教育委員会（the Commonwealth Tertiary Education Commission: CTEC）の消滅を嘆く。彼は、雇用・教育・訓練省（the Department of Employment, Education and Training: DEET）と、国家雇用・教育・訓練委員会（National Board of Employment, Education and Training: NBEET）はCTECの代替であり、大学組織経営への介入の明白な事例として見ている。以前CAEs（Colleges of Advanced Education）であった大学は、州のコーディネーション機関や連邦の許認可機関によっていっそう細かく規制されていたけれど、伝統的に、オーストラリアの大学は相当に強い自治を享受していた。この点からして、以前CAEsであった大学は、コースの認可のような事項に関しては、以前と比較して、よりいっそう組織の自治を獲得した。

　公式の文書によれば、政府の政策は、高等教育のコーディネーションを、厳格な統制と官僚制度から自己規制に基づく制度の方向へ動かした。現在の制度では、政府が高等教育組織運営に直接介入する余地はほとんどない。CTECの消滅により、高等教育機関は、教育のプロフィール・エクササイズ（the educational profile exercise）[3]を通して資金獲得（funding）に政府と直接

交渉する必要にさらされた。教育のプロフィール・エクササイズについては、自治の喪失であると解釈する研究者もいる。しかし、このプロフィール・エクササイズは、CTECの下での資金調達であり、政府の主導である。オーストラリア副理事長委員会（Vice-Chancellors' Committee: AVCC）は、年次報告書の中で、このエクササイズは、最新化によってさらに洗練されると指摘しており、教育プロフィールを支持している。しかしながら、大学教育機関が自治を失う恐れは、依然存在する。

6. 産業との関係

「産業」としての高等教育は、ほとんどの教授たちからは嫌悪感を持たれているものの、労使関係の観点からは法律的に認められている。オーストラリアの教授の給与は全国的に常に均一であった。1973年に連邦給与裁判所（the Federal Academic Salaries Tribunal）が、中央給与制度（a central wage fixing system）を調整するために設立された。雇用に関わる他の条件は、州の労働裁判所[4]（the state industrial tribunals）の管轄となった。1983年に連邦調停・仲裁委員会（Federal Conciliation and Arbitration Commission）は、高等教育を産業として認め、1986年の11月には、全国高等教育教員組合（the National Tertiary Education Union: NTEU）が設立された。教授たちの諸団体の組合化と産業としての高等教育の認識は、雇用者としての高等教育機関と、労働組合としての教授団体との関係を形作った。

最近の議論では、在職保有権者の比率（tenure ratios）に注目が集まっているが、本質的問題は大学レベルでの教員配置とその教授集団の構成への影響である。組合・労働者と雇用者との関係は、民間企業部門と公的部門の両方で変わってきている。高等教育で起きていることは、産業改革における広範な課題目標の一部でしかない。多くの産業は、国による給与契約から離れ、地方レベルでの企業交渉（enterprise bargaining）と交渉による生産性向上（negotiated productivity gains）に移行している。現在の労使関係は、あらゆる方向で同僚間の関係に影響する。まず、すべての教授と契約が結ばれる

が、すべての教授たちが組合に所属しているわけではない。2番目に、交渉事項は純粋な労使に関わる内容（purely industrial consideration）を超え、教学関連事業（academic enterprise）自体を取り扱うための基本的事項にまで拡大する。3番目に、交渉や契約は、適切で合法的なアカデミックな機関[5]（academic bodies）の決定を無視することができる。しかし、連邦政府による新しい法律制度の下で、労使関係は、組合の活動を弱める目的で、雇い主が雇われる側と個別に契約を結ぶような、大きな変化を経験した。

7. 意思決定構造に関わる最近の改革

すべてのオーストラリアの大学で、最高位の意思決定機関は、大学審議会、大学評議会、もしくは大学理事会である。最高位に位置する教授集団の機関は、大学教授理事会、または大学教授会である。大学教授理事会は、職権上の委員たち（ex-officio members）と各ファカルティー（faculties）から選出された代表によって構成されている。その次のレベルに、ファカルティー（faculties）[6]が、そのさらに下には、学部（schools）もしくは学科（departments）、研究所（institutes）そしてセンター（centers）が位置する。すべての教学、研究上の問題は、初めに学科ないし学部で議論、判断され、ファカルティー会議（faculty board）に提案する。ファカルティー会議は、裁可・承認を得るために、大学教授会へこれを提案する。もし、大学教授会が、この提案の一部に満足しない場合、この提案は、通常、再審議のために大学教授会の見解を添え、ファカルティー会議に差し戻される。しかしながら、複数のファカルティーを跨ぎ、大学全体で統一的政策を必要とするような、特に共通の問題が扱われる場合、大学教授会は、代表による多数決で最終決定する前に、関連するすべてのファカルティーの見解を確認する。大学教授会の重要な決定は、承認のために大学審議会（the University Council）に送られるが、大学審議会によって大学教授会の決定が覆されることは、大変稀であり、ほとんどないといってもよい。ひょっとして、非常に稀に、再審のために戻されているかもしれない。

ごく最近では、多くの大学が、ファカルティーや意思決定機関の規模の合理化を行った。ガバナンス（governance）の企業モデル（corporate models）を維持しつつ、意思決定機関を小規模化した。つまり、小規模なファカルティーは、メガ・ファカルティー（mega faculties）を形成するために併合された。たとえば、2003年、ニューカッスル大学では、アボリジニー学（Aboriginal Studies）、芸術、教育、社会科学、人文学と言語、美術（Fine Arts）、音楽のそれぞれのファカルティーは、「教育・芸術ファカルティー」（the Faculty of Education and Arts）を組織するために併合された。すべての学科は解体され8つの学部（schools）が「教育・芸術ファカルティー」の管轄下に置かれた。副理事長補佐（PVC）が、ファカルティーの長として任命され、各学部長（Heads of Schools）はそれぞれの学部を率いるために任命された。古い民主的な選挙の伝統は、いわゆる協議手続き（a process of consultation）と副理事長による任命に取って代わられた。同様の併合が、ヘルス・サイエンス・ファカルティー、ビジネス・法律・ファカルティー、エンジニアリング・環境再構築（built environment）・ファカルティー、科学・コンピュータ・サイエンス・ファカルティーでも行われ、それぞれ副理事長補佐（PVC）によって率いられることになった。学部教授会（School Boards）とファカルティー会議（Faculty Boards）は、学部長と副理事長補佐のそれぞれの助言機関となった。研究や教育分野においては、学際的な協働（collaboration）が推奨される。上級管理職（the top executives）の権威は、それぞれの管轄部門の利益にもとづき意思決定を行うためにいっそう強化された。副理事長代理（DVC）のポジションの数は、合計3つとなり、1つは教学関連事項の担当、もう1つは、研究と研究者養成の担当、そして以前の総務（Registrar & Secretary）がDVCサービスとして再編成された。

おわりに

　19世紀半ば、オーストラリアの大学は、英国のオックスブリッジ・モデルを基礎に始まり、それと似た教学的構造と運営構造を採用した。しかし、しだいに、オーストラリアの大学制度は、イギリスとアメリカのモデルに影響され、それ自体の自治と行政構造を発達させてきた。1960年代中盤以降、大学制度は、大学と高等教育大学（Colleges of Advanced Education: CAEs）の二重制度を発達させたが、1989年に、全国的な統一制度を創設し、この制度下でほとんどのCAEsは、既存の大学に吸収されるか、もしくは大学に格上げされた。英国のように、異なる資金モデルが発達し、1990年以降、大学の資金源が多様化した。21世紀の初めまでに、公的資金は、大学の全収入の45％に達した。

　1990年代後半、大学は、より小さな意思決定機関をともなう企業的経営スタイルと、トップダウン・マネジメントに集中された強力な権力と権威をともなう、より大きなファカルティー（faculties）の形成を必要とした。教育は、州と管轄区（territories）の責任である。資金は連邦政府によって準備される一方、コントロールは、労働組合の力（trade union power）を弱めるための労使関係の新たな体制下で、財布のひもをきつく締めることで行われた。しかしながら、大学の自治と学問の自由は、かなりの程度保持された。一方、最近の諸改革のために、学部教授会やファカルティー会議のような教授集団の組織は、学部長や副理事長補佐の諮問的役割の機能に変わり、民主主義は、大学のガバナンスと行政の現実を重視する経営に取って代わられた。質保証や説明責任の制度は、ティーチング、研究、地域社会へのサービスのそれぞれの質を確保するために導入された。

[著者注]
1）　リカレント・ファンディングは、退職金や年金を含む人件費、施設費、ビルの管理・維持費などを含む大学の運営資金のこと。
2）　キャピタル・ファンディングは、キャンパス拡張、新しいビルディングの建設など新規事

業に割り当てられる資金援助のことである。
3) Educational Profile には、査読を要求する研究ジャーナルでの論文、学術書、学術書の章、学会発表論、授業評価をベースにしたティーチングの評価報告、地域貢献などが含まれる。
4) 行政的裁判所の一つで、企業による不当解雇や組合非加入の強制など労働条件を取り扱う（新英和大辞典、第6版、研究社）。
5) たとえば、大学教授理事会、大学教授会など。
6) このファカルティーは、後に出てくるメガ・ファカルティーの意味で、従来の小規模ファカルティーを統合してできたもの。従来のままで、ファカルティーを学部と訳すと、文章中の「schools」に当たる適切な訳語が見つからず、結果、「schools」を学部と訳し、「faculties」は、ファカルティーとあえてカタカナ表記にした。

第5章

アメリカ高等教育の挑戦と今後の課題

はじめに

　高等教育は、国家の未来の社会と経済にとって非常に重要であり、先進国にとっていっそう重要である。教育を受けた人々や彼らの考えは国家の財産であるという知識の時代の中で、大学教育の価値は、かつてなかったほど重要になっている。大学によって提供される教育の機会、大学が創造する知識、大学が提供するサービスは、現代社会のあらゆる優先事項にとって鍵となる。大学は、経済競争から国家安全保障まで、また環境保護から国の文化の発展と計りしれないほど貴重な貢献をする。テクノロジーの成長は、柔軟でより教育程度の高い労働力を要求する。この労働力は、非常に精巧なテクノロジーを操作する能力を持ち、世界経済と社会の複雑な問題に立ち向かうことのできる能力を持っている。

　不利益を被っている人々が、社会的地位と個人的目標を達成するための知識、技術、資格を獲得することができることで、高等教育は上層移動に道を開く。1990年の調査は、アメリカ人の88%は、高等学校を卒業することは、給料の高い仕事を得るにはもはや十分でないと信じている一方、87%の人々は、高等教育が手の届かないところにあると感じていることを明らかにした（Williams, 1999: 65）。しかし、カレッジと大学は巨大化し多様化した。この拡大と多様化は、アメリカの高等教育制度の卓越した長所を作り上げた。大変

優れた経営の専門家、ピーター・ドラッカー（Peter Drucker）は、変化する時代とテクノロジー、そして新しい次の1000年（millennium）の挑戦を念頭に、「今から30年後には、大きな大学キャンパスは遺跡となり、大学は生き残らないだろう」（Drucker, 1997: 122-128）と述べている。本章では、アメリカ高等教育制度の発展と、現在のイシューと問題、挑戦と動向に焦点を合わせ論じる。

1. イギリス・モデルを基礎にした高等教育の萌芽

17世紀の初め、アメリカのイギリス人開拓者は、高等教育のために組織を設立する強い欲求にすぐに気づいた。それゆえに、1636年10月、マサチューセッツ州議会（General Court of Massachusetts）は、後にケンブリッジに改名することになるニュータウンにカレッジを設立するために資金を獲得した。このカレッジは、1638年の夏に運営を始め、後援者を記念して「ハーバード」と命名された。古き良きイギリスの伝統に従い、ハーバードは、イギリスのケンブリッジ大学のエマニュエル・カレッジ（Emmanuel College）と同じ教育哲学を採用した。ハーバードは、学問に精通し熱心であり学者が知るべきすべてに通じる人間、あるいは、教養があり敬虔な聖職者を育てることに専心した（Morrison, 1935: 41-46）。他に8つのカレッジが、1776年のアメリカの独立革命以前に設立された。1693年にウィリアム・エンド・メアリー・カレッジ、1701年にニュー・ヘブン・カレッジ（イエール・カレッジに改名）、1740年にフィラデルフィア・カレッジ（ペンシルベニア大学に改名）、1746年にニュー・ジャージ・カレッジ（プリンストン・カレッジに改名）、1754年には、キングズ・カレッジ（コロンビア・カレッジに改名）、1764年には、ロード・アイランド・カレッジ（ブラウン大学に改名）、1766年には、クィーンズ・カレッジ（ラトガース・カレッジ）、そして1769年にダートマス・カレッジが設立された。これらのカレッジも、ハーバードが明確に表明したものと同様の2つの哲学を共有した。

アメリカの独立革命とその共和主義的理念は、高等教育機関に影響を与え

た。1816年、ニューハンプシャー州議会とダートマス・カレッジとの間の論争に、州高等裁判所は州への支持を表明した。しかし、1819年、ダートマス・カレッジの理事会は、合衆国最高裁判所に控訴した。合衆国最高裁判所は、ダートマス・カレッジは、公的な機関でもなく、公的財産を所有しているわけでもないと宣言した。最高裁は、州議会は州の設立許可状に含む契約内容を侵害したと評決し、最高裁は次のような審判を下した。

> 問題の高等教育機関が、州財務局からの資金によって支援され明らかに公的機関と目される場合を除いて、今後、州は、州が認可した高等教育機関を直接コントロールすることを禁ずる (Lucas, 1994: 115-116)。

ダートマス判決の意味と重要性については未だに議論され続けている。しかし、支援者たち (private donors) は、州の介入から私立の高等教育機関を守るこの決定に勇気づけられた。公立の高等教育機関は、既存のカレッジの転換によるのではなく、州による新たな創設によらなければならなかった。しかしその後も、州当局は財政的に私立の高等教育機関への支援を継続した。ダートマス裁判後、私立のカレッジが激増することになったが、これは発展段階の一つであった。人口2,300万人の英国は、4つの高等教育機関を有していたのに対して、人口300万人のオハイオ州には、37の高等教育機関があった。アメリカ独立革命期に9校しかなかったカレッジは、1861年の南北戦争開始時には、250校に跳ね上がり、カレッジ数は急激に増加した。全国のカレッジ登録者数は、1870年に6万2,000名と推定されたが、1890年には、15万7,000名となり、20年後には、35万5,000名にのぼった (Burke, 1983)。

1862年のモリル法は、土地譲渡カレッジ (Land Grant Colleges) として知られることになる州立のカレッジ設立の刺激剤となった。各州は、土地譲渡として少なくとも3万エーカーを留保することが期待された。この一部は、売却することができるとし、少なくとも、1つのカレッジを設立するために有効利用されるとした。このカレッジの主要目的は、農業と機械製作技術に関連した領域を教授することであったが、他の科学領域や古典も除外されなかった (Hofstadter and Smith, 1961)。不運にも、土地譲渡それ自体による収入は、土地譲渡カレッジを有効に運営するには不十分であり、ほとんどの土地譲渡カ

レッジは、小規模で財政的に貧弱なままであった。宗派によるカレッジは、いわゆる反宗教的なカレッジ（godless colleges）との競争を喜んではなかった。そして多くの宗派カレッジは宗派ごとの（sectarian）統制下に置かれるようになった。教育機関として高等学校が存在しなかった時代、もしくは、まだ発達していなかった時代に、州立のカレッジや大学は、中等教育と高等教育の接続に、きわめて重要な役割を果たした。

1870年、ミシガン大学は、大学入学準備のためのトレーニングなしに、入学許可を得ることができるほどの学力を有した学生を卒業させているえり抜きの高等学校数校を認定し始めた。その後数十年にわたり、ほかの州の大学もまた、大学の入学許可にこの資格要件を採用した。1900年までに、大学準備部門は、急速に過去のものとなっていた（Fuess, 1950）。その後、農業・機械製作関連の土地譲渡カレッジと大学は、高等教育に応用されたジャクソニアン平等主義と民主主義の理想の最高の表現を代表することになった。1890年、教育に関する下院委員会は、土地譲渡高等教育機関は、世界のどこにもひけを取らない優秀な教師、研究者、産業界のリーダーを輩出してきたと評価した（Cited in Lucas, 1994: 153）。

市立のカレッジや大学は、土地譲渡大学や他の高等教育機関がアメリカの農業地域に提供したサービスに酷似したものを都市に提供した。しかしながら、市立の高等教育機関の規模は非常に大きく、運営の視点からも、またカリキュラムの広がりやレベルから見ても、非常に異なっていた。このタイプの大学の共通点は、学生の要求に対応することを第一義としていた点であった。全体として、入学の容易さと費用の安さから、市立のカレッジは、アメリカの高等教育の中で、その地位を急速に確立していった。

高等教育を女性に開放する戦いは、2つの側面から行われた。1700年代に、女性のためのアカデミーが創設されたこと、1800年代に、セミナリー、19世紀後半には、女性のための中等後教育機関が設立されたことである（Palmieri, 1987）。高等教育に女性が入学するための戦いは、アフリカ系アメリカ人に対する教育の機会を拡大する最初の活発な運動と重なった。最初の黒人のためのカレッジは、1842年にフィラデルフィアで、クエーカー教徒によって設立され、後にシェイニー州立カレッジ（Cheyney State College）と改名された。

教会組織は、アフリカ系アメリカ人のための教育機関の創設・維持に積極的であった。州の中には、土地譲渡資金の受領者として既存の黒人学校を指名したところもあった。公民権運動は、アフリカ系アメリカ人のための高等教育の発展に非常に貢献した（Shannon, 1982）。

2. ドイツの影響による方向性の変化

19世紀も4分の3ほど過ぎた頃には、すべての者への画一化されたカリキュラムの概念を強力に支持していた伝統主義者に対する圧力が増し、カレッジや大学の行政権力が増大した。スタンレー・ホール（Stanley Hall）、ウイリアム・フォルウェル（William W. Folwell）、ジェームズ・エンジェル（James B. Angell）、アンドリュー・ホワイト（Andrew White）、ダニエル・ギルマン（Daniel Gilman）、チャールズ・エリオット（Charles W. Elliot）は、ドイツの大学をじかに経験していた。これらの著名な者たちは、ハイデルベルク、ベルリン、テュービンゲン、ライプチヒのいずれかで勉学したか訪問したことがあった。彼らは、多くの専門に特化した大学院レベルのセミナーや講義が、多くの分野で上級の学生たちに提供される、ドイツの偉大な高等教育機関について熱のこもった報告を行った。

アメリカの高等教育の最も卓越した改革者の一人、チャールズ・エリオットは、1869年10月にハーバード大学学長に就任した。その就任演説で次のように述べた。

> 教育において、今まで個人が持つそれぞれの心の特性に十分注意を払ってきませんでした。19歳か20歳の若者は、彼自身の好みや能力が明らかになるとき、彼が最も好むものは何か、最適なものは何かがわかるはずです。それを敬虔に歓迎し、神に感謝し、勇気を出して受け入れましょう。その後、彼は、幸福に満ち熱意を持って仕事をする方法や神の御心に役立ちそれを成就する方法を知るのです。今後、私の政権下で学生諸君はさまざまなクラスやカリキュラムから選択するより多くの自由を持つことになります。選択制度は学問を促進します。なぜなら、この制度は、生まれつきの好みや先天的な素質に自由な活動を与えるからです。（Elliot, cited in Weaver, 1950: 16-23）

1870年、コロンビア大学学長のフレデリック・バーナード（Frederick Barnard）は、諸外国で豊富に提供されている、この魅力あるものをアメリカの大学で提供することに挑戦した。1876年には、ジョン・ホプキンス大学学長のダニエル・ギルマンは、ボルティモアでの就任演説で学問上の研究は、ドイツの高等教育機関で報告されているように、この大学の研究者や学生にとってガイドであり、彼らを鼓舞するものであると述べた。しかし、名だたる保守派は、カリキュラムの選択制や新しいアプローチに「詐欺」「怪奇なもの」の烙印を押し恐れたのである（West, 1884）。

3. 地域サービスと強力な行政的リーダーシップ

19世紀末には、社会奉仕の精神は、ウイスコンシン大学でさらに完成された形となった。公的問題の解決策を探るために、大学の資源やエネルギーを直接活用するウイスコンシン大学のアイデアは、他の大学によって幅広く模倣された。1895年、ハーバード大学のチャールズ・ノートン（Charles Norton）は、高等教育の最高位の目標は、直接的に教えられるものではなく、すべての学問の上に達成されるものであるという理念を提供することによって、改革を次の段階へと進めた。これは、心の広さ、明朗さ、健全さの発達と個性の表現を見いだす完全な冷静さの達成によって成し遂げられる、知的文化の最終的結果である。1908年、ブラウン大学のアレクサンダー・メイクレジョン（Alexander Meiklejohn）は、新しいアメリカの高等教育の理想として、人文主義的な見方（the humanistic perspective）を再び主張した。彼は、アメリカのカレッジの主要な機能は、生き方を教えたり、生きる方法を訓練したりすることではなく、むしろ人間的経験を豊かにし人間の興味を喚起するような、人生それ自体への見識の幅を広げ深めることであると主張した。

比較的小規模なカレッジから、大きなスコープや複雑な構造を持つ大学に変容することは、圧力や緊張なしには達成されなかった。官僚的な組織としての大学の発達は、規模の拡大、学生登録数の増加、そして新しいサービスへの要求の結果であった。官僚化（bureaucratization）は、複雑な組織経営上要

求される細かい基本的義務から教員や研究者を解放する必要性に、論理的だが無計画に対応した。大学の学長を探す場合、学長は学識の長である必要があった。つまり、学長は、マーク・ホプキンズ（Mark Hopkins）の聡明さとロックフェラー（Rockefeller）やカーネギー（Carnegie）のような、ビジネスマンの鋭敏さを奇跡的に兼ね備えた人間である必要があった。高等教育がそれ自体を支えるために資金の継続的な流れを必要としていたので、資金集めは学長の最も緊急の課題となった。有望な資金提供者を見つけ寄付を促すことが、学長の最もエネルギーを費やす仕事となったのである（Rudolph, 1990）。

4. 学問の自由

　雇用の確保は、19世紀のアメリカの教授たちの間では、関心の薄い問題であった。学長か理事会が希望すれば、教師であれば誰でも、教師の地位を維持することができた。学問の自由（Academic Freedom）に対する教授たちの要求が、雇用の確保に対するいっそう大きな願いと結びつき、1915年には、アメリカ大学教授協会（the American Association of University Professors: AAUP）が設立された。1949年、AAUPとアメリカ・カレッジ協会の合同会議で、両者は共通の基本原理に同意し、次のような声明を出した。

　　公益（common good）は、自由な真理の探究とその自由な論議・論破に依存している。学問の自由は、これらの目的にとって本質的なものであり、ティーチングと研究の両方に当てはまる。研究における自由は、真理の追求にとって根源的なものである。ティーチングにおける学問の自由は、教師の教授する権利と学生の自由に学ぶ権利の保護にとって根源的なものである。学問の自由は、権利に関連した義務を伴う。それゆえ、自由、経済的安定、在職保有権は、高等教育機関が社会と学生に対する義務を果たし成功するためには不可欠である（Goodchild and Wechsler, 1989: 26-32）。

　この基本方針の声明は、20世紀のアメリカ高等教育において最も重要な文書の一つであり、幅広く読まれ、討議され、批判され、多くの人々の興味を惹いた内容であった。この声明文は一般的な基準を示し、論争が噴出したときは

いつでも、不当に苦しめられる側は訴えることができるとした。その後、ほとんどのカレッジと大学はこの根本原理を受け入れたが、この方針に従っていないことが明るみに出ることを好まなかった。

　最初、多くの2年制高等教育機関は、より高い学力を要求する4年制カレッジや大学や、より高い名声を誇る4年制カレッジや大学の「餌を与える者」（feeders）として特に優れていると、彼ら自身を見ていた。短期大学（the junior college）のカリキュラムは、学士号を得るために必要なカリキュラムの最初の半分を単純に提供した。多くの人々は、短期大学を4年制大学や専門職への準備のステップと見た。ハーバード大学のロウレンス・ローウェル（Lawrence Lowell）は、高等教育の重要性を理解できない若者たちをカレッジから遠ざけるという利点があるとし、2年制大学の激増を歓迎した（Cited in Lucas, 1994）。

5. 急激な成長と現代の状況

　20世紀前半の50年間、カレッジと大学は、注目すべき成長のパターンを経験した。1899〜1900年度には、高等教育機関は2万9,000の学位を授与したが、1949〜1950年度には、授与件数は50万件に達した。学生の入学者数と教授者数は、15年ごとに2倍になった。大学院生数も、博士号取得者数が11年ごとに2倍になっていったことからも、急激に増加したことが分かる。第2次世界大戦から2年後の1947年には、2年制と4年制大学に登録した学生数は、230万人となり、公立と私立の在学者数はほぼ同じになった。カレッジに入学する高等学校卒業生数の割合は安定した伸びを見せた。たとえば、1960年には40%であったが、1970年には52%となり、1980年に51%とわずかに減少したが、1991年には61%に増加した（Cited in Lucas, 1994）。

　1970年代から、高等教育の学生登録者数は、公立の高等教育機関に都合よく変化し、1940年代末に達成されていた学生数比率は崩れた。1970年に、4年制大学に620万名、2年制大学に230万名、合計850万名が登録した。しかし、これらの登録者数の中の640万名は公立の高等教育機関に、210万名が

私立の高等教育機関に在学した。その上、1970 〜 1980 年の間に、2 年制高等教育機関の学生在籍者数は、230 万名から 450 万名に増加する一方、4 年制カレッジの在籍者数は、640 万名から 750 万名に増加した。1990 年の数字で見ると、この年、合計 1,260 万名のうち、1,050 万名が公立の高等教育機関に登録し最大の増加を示した。これは、1970 年以降 64％の増加であったが、私立の学生登録者数の増加はそれほど顕著ではなかった。また、高等教育機関の数も、1970 年に 2,556 校であったものが、1990 年には 3,231 校と相当な増加であった。合衆国教育省は、2003 年までに公立の高等教育機関の登録者数が 14％増加すると推定している（Lucas, 1994: 228-230）。

　カレッジと大学の間に、凄まじい拡大と多様化が起こり、この多様化が年間 1,800 億ドルの支出に支えられる高等教育制度を最も強化した。現在、3,600 校の 4 年制カレッジと大学が存在する。これらの高等教育機関は、アメリカの高等教育制度を世界で最も強力な制度にしている規模、使命、顧客、資金源の凄まじい多様性に特徴づけられる（Duderstadt, 1999）。この高等教育制度は、全体として、2 年制カレッジ、リベラル・アーツ・カレッジ、4 年制カレッジ、総合大学（comprehensive-universities）、研究大学からなっており、規模も学生数 1,800 名から 5 万名を超えるキャンパスを抱え、私立、州立、市立、連邦の組織によって運営されている。

　概して、ほかの国々ではほとんど見られない凄まじい多様化と実験的試みが見られる。最近では、ことに継続教育の領域で、フェニックス大学（University of Phoenix）という利益目的の大学の参画がある。この大学は現在合衆国で最も大きく、最も急速に成長している大学である（Tien, 1999）。

6. 現代の問題と挑戦

　アメリカ合衆国では、人口増加は、高まる高等教育の要求の重要な要因である。21 世紀の初めに人口増加が予測されており、2002 年までに高校卒業生は 14％上昇し、2006 年までに 17％上昇すると見られている。カリフォルニア州一州でも、2006 年までに 18.3％の成長が期待されており、学生数の増加は 48

万8,000名にのぼると見られている。特にアメリカのユニークな問題は、民族構成の変化の比率である。これは、メキシコ系アメリカ人の人口により顕著に現れており、特に彼らの社会や政治に果たす役割の重要性がさらに増すという点から、彼らの高等教育への十分なアクセスを準備する必要性が差し迫っている。一方継続教育の要求は、さらに共通な課題である。技術の持続的進歩や新しい経営方法による職場の急激な変化は、生涯学習の必要性を含みもち、技術を更新する不断のニーズを提供する。1987～1994年の間、アメリカの高等教育部門の25歳以上の登録者数は、28％増加した。カリフォルニアの最近の研究では、カレッジに在籍する学生の3分の1が大学院学生であることを示している。21世紀の最初の10年以内に、さらに2,000万人の成人学生が高等教育をめざすと予想されている（Williams, 1999）。

　加速する地政学的、経済的、技術的変化は、全世界に影響を与え、大学にも影響を与えることは明らかである。発展過程において、大学は困難な時代に直面しており、消滅の恐れにさえ直面している。しかし現在、大学の真の存在が、単に政治的圧力だけでなく、技術的、経済的な圧力によっても試されている。大学を変えさせようとする最も強力な2つの力は、グローバリゼーションと情報技術である。知識は5年ごとに2倍となり、高等教育制度に圧力をかける。特に情報をより早く、より経済的に動かす教育制度の能力改善に圧力がかかる。今までのところ、大学は、キャンパスに来る学生たちにコースを提供

表1　G7諸国の高等教育を終了した者の比率：年齢・性別・国別

G7諸国	25歳から34歳		25歳から64歳	合　計
	男性	女性		
カナダ	19.4	20.8	17.3	20.1
フランス	11.7	12.9	9.7	12.4
ドイツ	14.1	11.6	13.1	12.9
イタリア	8.0	8.7	8.1	8.3
日本	34.2	11.5	13.3	22.9
イギリス	16.5	13.8	12.8	15.2
アメリカ	25.9	27.1	25.8	26.5

出典：http:/nces.ed.gov/pubs99/condition99/indicator-60.html より作成

し、彼らを地域的に独占している状態である。グローバリゼーションや情報技術と共にすべてが変わり、大学はきびしい競争を強いられるだろう。この新しい環境は、ある大学にとっては脅威であるがしかし、他の大学は、大学が位置する地域に住む学生たちの教育という役割を超えて、世界の学生たちに提供する機会を歓迎する。これは、学生を顧客と考え、彼らのニーズと希望に応じたプログラムを改造することによる質の保証の問題を提起している。

　知識の急激な変化と知識の一部が短期間に時代遅れになるために、大学は生涯教育に参入する良い機会を得た。拡大する情報や電気通信技術は、知識を生み出し配給して新しい興奮させるような潜在的能力を提供する。テレビ放送は地盤を得ている。プログラムの一部はネットワークを経由して取り込まれ地域のコンテンツと結合することもでき、したがって、安価なコストで国際的に著名な専門家を招へいできる。同様に、プログラムはネットワークを経由して外に広められる。遠距離学習（distance learning）はさらに容易で便利になり、インターネット、安価なCDそしてDVDを通して、様々なコースを学生の机に直接届けることが可能になった。しかしながら、デジタル・プログラムの開発に費用がかかるので、大学は必要なものを注意深く選択する必要がある。

　大学教員たちは、彼らの役割が変化している事実を受け入れる必要がある。情報の提供者としての大学教員の役割の重要性は減少しており、彼らは注釈者（commentators）であることが期待され、物事の背景や詳細な理解を提供する。ティーチングの役割において競争が増し、ティーチングは、プログラムの質と関連して透明性を保たなければならなくなった。なぜなら、これらのコースは、マルチ・メディアを通して、どんなところでも提供されるからである。知識の急激な変化、過去に経験したことのないほどの知識を作り出すスピード、そして経済的圧力は、大学にさらに柔軟であることを求めている。大学は、他を犠牲にして、特定の領域に資源を集中させなければならない。また、時には学科・学部を閉鎖し、常勤スタッフの代わりに契約スタッフを雇用しなければならない。

　高等教育の成長の需要は、社会的熱望にその原因があるだけでなく、労働市場で増大する要求・需要にある。しかしながら、主要な問題は、高等教育へのアクセスが制限されていること、特にカレッジ教育の費用が高いために、ア

表2 国内総生産に対する高等教育支出の比率とG7諸国とオーストラリアの学生1人当たりの支出

G7諸国+ （年）	公立 1995	私立 1995	合計 1995	公立 1993	私立 1993	合計 1993	学生1人 1993*	学生1人 1995*
カナダ	2.0	0.5	2.5	2.2	0.4	2.6	11,132	11,471
フランス	1.0	0.2	1.2	0.9	0.2	1.1	6,033	6,569
ドイツ	1.0	0.1	2.0	0.9	0.1	1.0	7,902	8,87-
イタリア	0.8	0.1	0.9	0.8	0.1	0.9	5,169	5,013
日本	0.4	0.6	1.0	0.4	0.6	1.0	7,556	8,768
イギリス	0.9	0.1	1.0	0.9	0.0	0.9	8,241	7,225
アメリカ	1.1	1.2	2.3	1.3	1.2	2.5	14,607	16,262
オーストラリア	1.2	0.6	1.8	1.0	0.2**	1.2**	N/A	N/A

出典：http:/nces.ed.gov/pubs/ce/c9755a01.html and OECD から作成　　*=US $; **=1990

クセスが制限されていることである。公的資金の減少の結果、アクセスはさらに困難になる。公的資金の削減は授業料の値上げ、勉学のための奨学金からローンへの変更、学生関連施設のための補助金の減額を引き起こした。事実、1990年の世論調査は、アメリカ人の87%がカレッジ教育は手の届かないところにあると感じていることを明らかにした。この問題を取り除くという観点から、1997年アメリカ合衆国は、おそらくカレッジの学生たちと彼らの親たちに対する税刺激策（tax incentives）のために400億ドルを割くことを約束した（Williams, 1999）。

　もし大学が、未来の知識社会で重要なプレイヤーであろうとするなら、それを可能にするために、大学はおそらく大学自体を再編成しなければならないだろう。より企業組織的なガバナンス（corporate styles of governance）をともなう強力なリーダーシップが要求される。そのような組織のリーダーシップの資質は、伝統的な学問の自由と集団的な意思決定を結合することを必要としている。組織の再編成には、新しい売り込み市場の要求を満足させるようなパワーの均衡（balance）が必要なので、一般にはこのようなリーダーシップが選択されると信じられている。1998年5月、スイスで開催されたグリオン会合（the Glion colloquium）での一致した意見をまとめ、ウェーバー（Weber）は、大学のリーダーシップに必要な点を挙げた。

① 大学を連合ないし持ち株会社のように組織化し、「親会社に支えられた会社」の原理（The principal of subsidiary）を適用し、それぞれのユニットに可能なかぎり自治権を認め、ユニットが希望するように、人的資源や財的資源を配分する。
② 多くの階層からなる意思決定過程を取り除き、能力のある層を1つ作り、その上の層で管理責任を果たす。
③ 予算、戦略的計画、構造基盤、人的資源のような重要な問題について決定する権限を学長に与え、強力な経営に学内のコミュニティー（the community）が慣れるようにする。
④ マネジメントを通して新しいプログラムを促進する費用や優先順位に入らない活動の費用をカバーできる特別予算を取っておく。
⑤ 大学全体のコミュニティーを巻き込む戦略的計画を念入りに作り上げることで、大学の政策を発展させる。大学の長によって最終的決定がなされる。この計画は、それぞれのレベルの能力に応じて実行される必要がある。
⑥ もし必要なら、理事会や審議会の委員も含む、異なるレベルのリーダーのマネジメント・スキルズのレベルを上げる（Weber, 1999: 14-15）。

「学長の地位の刷新—困難な時代の強力なリーダーシップ」（Renewing the Academic Presidency-Stronger Leadership）と題された「学長の地位に関するアメリカ委員会」（the American Commission on Academic Presidency）によって1996年に出版された報告書からの抜粋は、上述の提案と少なからず一致している。

> 参加型ガバナンス（shared governance）は維持することができるし、維持すべきであるが、現在の曖昧で訓練されていない状態の中ではない。このガバナンスは、明瞭化され単純化されなければならない。そうすることで、行動に責任を持つ者たちは、それを行う権限を行使することができる。参加型ガバナンスは、すべての参加者がすべての問題に同意することを保証することはできない（Cited in Williams, 1999: 70）。

7. 共通に見られる動向

　20世紀末に起こった根本的変化は、ソビエト連邦の崩壊と自由市場原理の普及である。この民主化への傾向は後戻りできないし、すでに多くの結果を生んでいる。すべての者が、公平な機会と自由な発言の権利を有するとき、高等教育の競争は、伝統的なエリート教育の構造の崩壊に結びつく。これは、大学に対する象牙の塔のイメージを変えることを大学に迫る。民主的な環境の中で、大学は理事たちや評議員たちだけでなく、他のグループのすべての受益者たちに対しても責任を負うことが期待されている。長期的目標を犠牲にすることなしに、理事や評議員を含むすべての受益者に対する責任を継続的に果たすことは、大変な挑戦である。

　情報技術と遠距離通信の急激な進歩は、我々の日常生活を革命的に変え、一つのグローバル社会という概念を現実化している。新しいテクノロジーは、地域からの通常の学生人口に加え、国内から集まる学生や外国からの学生人口にまで、サービスやプログラムを拡大する機会を大学に提供する。同様に、生物工学や生命科学の凄まじい進歩は、ティーチングと研究に重圧となっており、生命に関連する生物医学的、環境学的、その他の質の緊急の問題を重視してきている。

　ザ・コミュニティー（地方、国、世界）そして職場もまた、より多様化している。経済や財政制度は、急激にグローバル化し、相互に連結、依存するようになった。大学は、サービスのすべての面に文化的民族的多様性を反映し、生き残りのため多文化主義や国際主義に注意をいっそう払わなければならない。象牙の塔のような伝統的なエリート主義は、以前に比べ自治権を弱め、より開放的企業体質の組織に変質している。そして、高等教育機関と民間産業との共同が過去には考えられなかったほど増大している。予算の引き締めにより、大学は、他の高等教育機関と共同し、共同ティーチング（joint and shared teaching）に再度えり分けて資源を統合し、利益にならない部門を閉鎖することによって、知的資源を最大に有効利用する方法を探っている。

　絶えず変化する労働力は、アメリカ高等教育に大きな影響を与えており、継

続教育を提供する営利組織であるフィネックス大学（University of Phoenix）のような新しい高等教育機関の激増に結びついている。知識を拡大するような情報技術の革命的変化の中にあって、最新の知識・技術を身につけるための生涯学習の緊急のニーズが常に存在する。このニーズは、ちょうど増大する要求に呼応するように、専門職養成学校（professional schools）、大学のイクステンション・コース、オンラインによるティーチング、通信教育コースを発展させた。以前であればアカデミックな職業を選択しただろう学生たちが、特にサービス部門のビジネス、産業、他の専門職に就く傾向が見られる。

　大学教員もまた変化している。以前は、大学教員は一つの大学に退職するまで勤務した。現在では、彼らは移動可能となった。彼らの中には企業家的気質を持ち、成功し名声を得て外部組織との協議や共同を通して外部資金を獲得している。大学教員たちは、外部でより活動的で以前より自己表現にたけ、また、以前に比べて所属する組織に忠誠心を持っていない。学科長の地位は、以前に比べ要求度と重要度は低くなっており、もはや強力でダイナミックなリーダーシップを必要としない。財務上の経営やコントロールが重要な領域になるに従い、学部長や中央行政部は、「強力でよりパワフルな表現を好む企業組織スタイル」（asserting corporate styles）のリーダーシップを執るようになっている。この傾向は、すでに確立されている学部や学科の参加型ガバナンスに影響を与えている。

　現代の大学は、学習のすべての側面をコントロールする巨大な組織に発展した。現在大学は、学部、大学院、専門職のレベルでコースを提供し、学部寄宿寮、専門職養成機関、生涯学習、運動競技、図書館、博物館、そして娯楽を提供する。現代の大学は、教育以外にもあらゆる活動に対して責任を負う。たとえば、学生に寄宿施設や食事を提供し、カウンセリングや金銭的支援を行い、警官を配置し、また他にも安全のためのサービスを提供する。しかし、テクノロジーによって引き起こされ、高等教育に対する高まる要求に刺激された市場要因（market forces）は、高等教育制度を作り変えている。これらの傾向は、国家レベルの包括的な計画を基礎に、より根本的な学習のパラダイムを探求することで、高まる学習の要求を幅広く理解することを求めている。

　過去数十年間、コンピュータは、世界のあらゆるシステムとハイ・スピード

で連結され、強力な情報システムを発展させてきた。公私を問わずネットワークは、音、イメージ、データを安価で多くの視聴者が利用できるようにする。人間の感覚は、人工的に作られた視界、音、感覚にさらされヴァーチャルな環境の創造は、現実の世界の我々の中にある拘束から我々を解放する。視覚と聴覚のデジタル・コミュニケーション・システムは、新しい経験や知的追求に興味を持つ人々の強く結束し拡散したコミュニティーの形成を促進する。テクノロジーの進化は、我々の情報の収集方法、操作方法、送信方法、使用方法までも変化させている。

　実際、高等教育は、地方や地域の学生たちの役に立つカレッジや大学の、緩やかな連合化された制度からグローバルな知識産業と学習産業に発展する傾向にある。地方、国、国際レベルでの高等教育機関による競争が顕著になり、それまでの伝統的な束縛を弱めることになった。高等教育は、ヘルス・ケアや通信産業のように、規制が緩和された制度として発展している。それゆえ、グローバルな知識―学習産業は、場所と時間の拘束と資格認定の必要性から教育を解放することになる急激に進歩した情報技術によって、解放される方向にある。おそらく将来、学習は、継続的な改善を意図して、すべての人々によって、あらゆる場所で、いつでも利用できるだろう。継続的学習は、人生のための学習文化を創造するだろう。ミシガン大学科学・工学の教授で名誉教授であるドッデルスタッド（Duderstadt, 1999）は、次のような主題と傾向を指摘している。

① 学習者中心である。
　　ちょうどほかの社会組織のように、我々の大学は、我々が奉仕する人々に、より焦点を合わせることになるに違いない。我々は我々自身を教授者中心の組織から学習者中心の組織に変えなければならない。
② 賄える程度の費用である。
　　社会は、すべての市民の手の届く範囲内で教育の機会を提供するように大学に要求する。これは、公的助成金の拡大か、再編と人員削減のどちらかによって生じるだろう。
③ 生涯学習である。
　　知識の時代に、さらに進歩した教育や技術の要求は、人生を通して学び続けたいという気持ちと、生涯学習の機会を提供するという我々の高等教育機関側の義務の両方

を要求する。我々の明確に区別された教育制度は、結び目のないウェーブの中でさらに溶け合おうとしている。このウェーブの中では、初等教育、中等教育、学部教育、大学院教育、専門教育、徒弟見習い、インターンシップ、オン・ザ・ジョブ・トレーニング、継続教育と、生涯の豊かさが連続体となる。
④　相互作用・協同作業である。
　我々は、情報技術を活用して時間と場所の制限を取り払い、ライフ・スタイルやキャリアの要求と学習の機会とを、より上手に組み合わせて学ぶことができるような、新しい教育方法の形態をすでに目にしている。
⑤　多様である。
　最後に、アメリカの高等教育を特徴づける偉大な多様性は今後も続く。この多様性は、さまざまなニーズと目標を持つ多様な人口の拡大に大きな役割を果たす（1999: 48-49）。

1977～1995年までコーネル大学学長であったローズ（Rhodes, 1999）は、再発見されたアメリカの大学の動向について、次のように指摘している。

①　新しい1000年に臨み、アメリカの大学は、責任があり効果的な均衡の取れたガバナンス、リーダーシップ、そして最も緊急の優先事項の一つとしてのマネジメントを考えている。
②　すべての大学がさらに民間のサポートに依存するようになり、新しい公立の大学は、彼らのガバナンスを改革する傾向にある一方、私立大学はコミュニティー・サービスに非常に力を入れており、公・私立大学とも単にコストの面だけでなく効力の面からも、公的な説明責任を必要とする新たな段階に入っている。
③　ほとんどのカレッジや大学がまだ地方から学生を集めている一方で、研究大学は、その地位、新しい研究パートナー、ティーチングの交換、学問上の連合、大学同士の提携において以前に比べいっそう国際的になっている。
④　大学は、他の大学や、専門家の協会、企業、地域のグループ、教育のハードとソフトの販売会社のような知識の提供者と利用者と、より緊密な共同関係を作っている。
⑤　大学は、知識を自ら追い求め、その効果を評価し、創造的にしかし責任を持って応用できるように、学生たちのイニシアティブ、技術、自制能力（disciplines）の発達に力を入れる。
⑥　新しいエレクトロニックによるコミュニティーは、住むことを主体に捉える旧式のコミュニティーを補強し補完する。キャンパス・コミュニティーに、そして、それを超えて知性のパワーを共有するのに役立つだろう。知的に交わり多産化すること（intellectual cross-fertilization）は、いっそう強力な学習の道具となるだろう

し、研究や探求のより効果的な手段となるだろう。
⑦　大学は、質にさらに気を配る傾向にあるが、公的な説明責任を果たすために手続き上の効率性がさらに望まれる。
⑧　新しいアメリカの大学は、リベラル・アーツを再発見している。音、文字、イメージの創造的な統合と、新しい表現方法と新しいリテラシーのレベルの両方を創造するために、新しいコミュニケーション技術を使うことで、文化的な表現の範疇を広げているだろう。

おわりに

　アメリカの高等教育制度は、ケンブリッジ大学のエマニュエル・カレッジを手本にデザインされたハーバード・カレッジから1638年に始まった。世界で最も強力で影響力のあるダイナミックな制度になるまでには長い道のりを経た。19世紀には、ドイツの影響が、選択制度（elective system）と研究の方向づけにとって主要な要素となった。初期のイギリスと後期のドイツの影響下で、アメリカの高等教育制度は、大きな民間部門、土地譲渡カレッジ、地域貢献の概念のような、アメリカ制度それ自体の多くの特徴を発展させた。今日、アメリカの高等教育制度は、1,800億ドルを超える支出をともなう巨大でダイナミックな制度であり、この制度の影響を受けない高等教育制度を探すのは困難である。

[訳者注]
　本章は『国際関係研究』（平13.2）第21巻第4号で発表した論文 "The American System of Higher Education: Current Issues, Challenges and Trends" の翻訳である。

第2部

質の保証の問題と課題

第6章

大学のための戦略的リーダーシップとプランニング

はじめに

　最近のリーダーシップの先行研究の中で、教育リーダー、特に現代の大学のリーダーに関わる緊急の課題は、戦略的リーダーシップである。戦略の組織的組み立ては、司令官が戦闘や戦争の勝利のために戦略の立案を期待される軍隊で始まった。それゆえ、古代でも危機的状況では、軍隊のリーダーは、戦略的リーダーシップの役割を果たすことが期待された。しかし、戦略的リーダーシップは、商業や工業の世界では、非常に若い学問分野である。この分野の最初の出版は、1978年にホファーとシェンデル（Hofer and Schendel）によるものである。そして、研究ジャーナル『戦略的マネジメント・ジャーナル』が25周年を祝ったのが2004年のことであった。しかしながら、ビジネス部門が戦略と戦略的リーダーシップの概念を採用してきた過去20年間で、戦略的リーダーシップは、その範囲を拡大し影響力を増し目覚しい成長を遂げた（Boyd, Finkelstein and Gove, 2005）。1980年代中頃までは、戦略的リーダーシップのプロセスや行動についての研究はごくわずかであった（House and Aditya, 1997）。これらの研究は、組織に影響を与えるがリーダーやマネジャーの行動にそれほど影響を与えない戦略的決定のプロセスに焦点を合わせている。

　大きな変更を行う権限や自由裁量権は、リーダーが持つ組織実績への影響

力の中で重要な決定要素である。さらに、リーダーやマネジャーは、組織を動かすとき彼らの行動に多くの強い抑制が加わる。特に、高等教育の分野では、高等教育機関の方向性に影響を与えることができる多数の強固な受益者たちの存在がある。大学に目を転じると、大学は、他の多くの組織に比べ、よりいっそう複雑である。ほとんどの国では、大学は自治権を有する独立した組織であり、専門分野を基盤に主要なファカルティー[1]（faculties）に分かれているため、多数の影響力のある関係者（actors）が存在する。彼らは、状況によっては、副理事長（Vice-Chancellor）（学長）のパワーや自由裁量権を抑制する。副理事長は、CEO（the Chief Executive Officer）の役目を果たすが、他方では、彼の自由裁量権は、多くの要因によって制限されている（Hambrick and Finkelstein, 1987; Gamage and Mininberg, 2003）。抑制を加える一つのタイプは、ファカルティーの長（Deans of Faculties）のような強力な組織内プレーヤーであり、大学審議会（Council）、大学理事会（Senate）、ファカルティー会議（Faculty Boards）のような合法的に構成された意思決定機関である。このような抑制にもかかわらず、知識社会（a knowledge society）の発達と大学が運営されている社会・政治環境の変化の結果として、高等教育の戦略的リーダーシップの役割は、さらに重要性を増している。そして、これに続くパラダイムの転換は、大学のリーダーシップの役割になっている。

　クロウサーとリメリック（Crowther & Limerick, 1997）は、現在の教育マネジメント理論と実践の研究領域で信頼を得ている5つの卓越したアプローチの一つとして、戦略的リーダーシップを説明している。これは、多様で複合的な形で大学や大学のリーダーたちに大きな影響を与えている変動の激しい不確実な市場主導の環境に起こる（Preedy, Glatter & Wise, 2003）。したがって、もし大学が、急速に変化する社会のニーズに応えて生き残るつもりであるなら、高等教育において効果的な戦略的リーダーシップが不可欠である。本章は、この点から、戦略的リーダーシップの重要性と影響を重点的に扱う。

1. 戦略的リーダーシップの世界的動向

　世界のあらゆるところで行われている教育改革の努力は、教育分野のリーダーたちの戦略的役割に影響を与えてきた。特に、リーダーたちの役割への重要な影響は、リーダーの意思決定力や意思決定プロセスの変化、社会の背景にある社会・政治・経済の変化、大学を導く者たちの認識を支える価値観の変化にまで及んでいる。この動向には、新しく現れたリーダーシップのパラダイムの変化も含まれる。

　世界の多くの政府機関は、過去20年間にわたり高等教育部門で一連の改革に着手し、大学のガバナンスや行政を変えてきた。ファース（Furse, 1989）が指摘したように、マーケティングの概念は、産業や商業の世界ではマネジメントの基本的手段であるが、しかし、大学やカレッジにとっては新しい概念である。この新しい環境の中で、地域指向の大学も国際指向の大学も、外部環境との関係強化を必要とする激しい競争に直面している。高等教育機関のリーダーたちは、大学の成長のために相当に厳しい再編成（restructuring）を考えざるを得ない状況にある（Fidler & Bowles, 1989）。戦略的マネジメントは、急激に変化している教育環境の中で非常に強調されており、そのようなマネジメントのための戦略的リーダーシップは不可避なものとなる（Cheng, 2002）。

　これらの改革は、教育における「市場」と「顧客の選択」といったイデオロギーを含んでいる（Foskett, 2003）。より強力なオートノミー（autonomy）や自治（self-governance）が、カレッジや大学のリーダーの役割を変化させており（Middlewood & Lumby, 1998）、この変化の速度と地域社会や消費者ニーズに適合し対応する必要性は、リーダーたちに新しいスキルズやワーク・スタイル（work style）の創造を要求している。同時に、リーダーたちは、公的助成金の削減に直面しており、この状況下では、これまでとは異なるリーダーシップのスタイルが要求され、適切な戦略の組み立てが非常に重要になる（Mestry & Grobler, 2004; Leithwood, Jantzi & Steinback, 2003）。長い間、教育リーダーたちは、人格的資質や直観に依存してきたので、高等教育機関

内の根本的変化に影響を与えることは期待されなかった（Mestry & Grobler, 2002）。現代の教育リーダーたちのリーダーシップ・スタイルは、先取り的、革新的、戦略的であることが求められる。彼らはまた、資源を柔軟にマネジメントするためにも、教育機関にビジネス・スタイルのマネジメントを採用することが求められている。効果的なリーダーたち（effective leaders）は、戦略的プランニングを行うプロセスに価値を置くことを学び、戦略的優先事項を明確化することを学んだ。このことによって、彼らは、プランニング、目標となるリソース、スタッフ・ディベロップメントの改善、スタッフの進歩のモニタリングに焦点を合わせることができるのである。（Martin, McKeown, Nixon & Ranson, 2000）。

現代の教育リーダーたちは、先導的な専門家（leading professional）と行政の長（chief executive officer）の役割を兼ね備える必要がある。彼らは、必要に応じてこの役割を使い分ける能力が要求される（Gamage, 2005; Law & Glover, 2000）。

教育の領域における戦略的リーダーシップの世界的動向と上述した理由から、次の4つの動向が確認されている。

① 国際的に、高等教育制度は、大学のガバナンスと行政の法人組織モデルの方向にさらに動いている。
② 大学ガバナンスの改革は、リーダーやマネジャーがビジネス・タイプの実践を採用することを要求している。この実践には、取り引きすること、顧客の意見を聞く、市場の動向を観察することを含む。
③ 相当に強力な自治権と不必要な遅れを避ける法人組織スタイルの意思決定力の強化。
④ 高等教育制度は、リーダーシップやマネジメントの訓練の必要性を認識している。

2. 大学指導者に対する効果的実践の採用の奨励

　過去20年以上にわたり、連邦政府や州（準州）政府は公共部門のサービスの民営化（privatization）の問題に取り組んできた。現在進行している議論の結果を見ると、オーストラリアのあらゆるところで、公共サービスの規定が、消費者―供給者モデル（a purchaser-provider model）へ一気に変化している（Dempster & Logan, 1998, p.80）。コールドウェル（Caldwell, 1998）は、この新しい公共サービス文化は、公教育制度の中心にある官僚的配置を小型化し、同時に権限、責任、アカウンタビリティ（説明責任）を教育機関レベルにもたらした。学校と高等教育機関、特に公的な助成金によって支援されている教育機関は、民営で独立した企業的性格を持った経営スタイルを見習うことを絶えず要求されている。ベアー（Beare, 1995）は、教育のリーダーたちは、新しい種類の行政構造やプロセスを使えるようにならなければならない、でなければ、彼らの教育機関は、生き残ることができないだろうと主張する。さらに、ハットン（Hatton, 2002）は、オーストラリアでは、民営企業の企業世界で始まった運営の様式によって経営される高等教育機関を見るのは今ではごく普通のことであると述べている。

3. トップ・リーダーシップの自治と権限拡大の効果

　一般にこのような官僚組織・意思決定過程の再編成の努力は、ビジネスの分野から法人組織経営を導入し、教育機関の経営を政府の諸政策に対して、より効率的に、より説明責任が取れるように、さらにより良く反応できるようにする試みの一つのようである。またこの努力は、顧客ニーズに応えるために教育の結果（outputs）をさらに重視する責任をいっそう負うことのようにも見える（Harman et al. 1991）。ほとんどの州教育システムは戦略的プランニングを導入しているので（Cuttance, 1995）、これらの変化の影響は、直接的にも間接的にもリーダーやマネジャーの戦略的役割に影響を与えている

(Townsend, 1996)。これらの変化は、マネジメントの転換の実践的知識、資源獲得にみる起業家主義、営利的基準と説明責任をリーダーやマネジャーに期待する（Dempster & Logan, 1998, p.83）。

4. 組織リーダー任用に関する現在の動向

　世界的に名声の高い大学や急速に発展してきた大学のいくつかを吟味すると、これらの大学は伝統との関係を絶ち、産業界での経験を持ち職業を非常に重んじる人々を学長に任命することによって、大学に新しい視点や理念（visions）をもたらしているように見える。たとえば、世界的に最も名声のある大学の一つであるアメリカ合衆国のハーバード大学は、元合衆国財務長官のラリー・サマーズ（Larry Summers）を学長に任命した。数年前、ケンブリッジ大学は、IBMニューヨークで研究エンジニアであったオーストラリア人のアレック・ブローズ（Alec Broers）を学長に起用した。彼は、イギリス国外から起用された初めての学長であった。オックスフォード大学もまた、以前ニュージーランドのオークランド大学の学長を務めたコンサルティング・エンジニアのジョン・フッド（John Hood）を2004年に学長に指名した。古い伝統を有し、これに価値を置いてきたイギリスの最も名声のある2つの大学が、このような決断をすることは、過去において想像さえできないことであった。つまり、オックスフォードやケンブリッジ大学は、才能やアイデアを獲得するために世界市場で競争している。そのために、この2つの大学は、世界規模で戦略的リーダーを探すというきわめて重要な決断を下したのである。

　上海国立大学（National University of Shanghai）学長のシ・チョーン・フォン（Shih Choon Fong）は、学長就任以前数年間、アメリカ合衆国のジェネラル・エレクトリック・カンパニーに在職していた。彼は、上海国立大学（NUS）を最高の大学にすることを目指しており、現在アジア・オーストラリアの大学の中でトップ5に入っている。どのように大学が変化に対応しているかという例や、起業家的気迫や起業家養成大学（an entrepreneurial university）を設立するような経験を持つリーダーの重要性を示す例が、高等

教育の状況の中に数多くある。ブラジルのリオ・デ・ジャネイロでは、学部教育を雇用者のニーズにより敏感に反応し、より学際的にするために、政府が企業・大学による、硬直した大学カリキュラム（academic）の構造を修正する協同研究に報奨（incentives）を提供している。

　ヨーロッパの起業家養成大学に目を向けると、多くの教訓や新しいアイデアを学ぶことができる。たとえば、ヨーロッパの工科大学のトップ10の一つ、スウェーデンのチャルマーズ工科大学（Chalmers University of Technology: CUT）は、外部活動と大学—産業—政府協力のために副学長を置いている。CUT は、イノヴェーション・エンジニアリングとマネジメント学科（Department of Innovation Engineering and Management）を置いている。CUT のチャルマーズ・スクール・オブ・エントレプレニューアシップ（The Chalmers School of Entrepreneurship: CSE）は、エンジニアリング学部、ビジネス学部、デザイン学部から学生を勧誘する。これらの工科大学のいくつかの選抜プロセスの目的は、起業家になることを熱望し、その可能性がある学生たちを探すことである。ここでのカリキュラムは、実際の革新的なプロジェクトに関連した形で組まれており、そこでは学生3名を一組にしたグループそれぞれが研究を基礎にしたアイデアをもとに、新しいベンチャーを立ち上げている。私見ではあるが、起業家的活動（entrepreneurship）は、横断的な学問であり、エンジニアリング、農業、水産業、科学、情報技術のような分野を含むすべての学位プログラムで科目として教授すべきである。

　ほとんどの大学では、起業家的活動は、マネジメントとビジネス・アドミニストレーション（business administration）の学位プログラムで学ぶ学生のみに教授されており、他の学問分野からの学生たちは含まれていない。結果として、学生たちは、農業、水産業、情報技術、化学、製造業などの多種な部門に存在する非常に多くの起業する機会に気づかない。学際的な学問は、新しい、しかも多様な考え方をもたらし、同じ系列の学問に代わってアイデアが相互に影響し合い促進する機会を提供するだろう。それゆえに、現在多くの大学は、学問の枠を超えて才能を集結させ、アイデアを自由に普及させることができるように、ボーダレスの概念や学際的な大学を促進している。今後、起業家としての情熱に溢れ起業家としての活動に邁進する学生たちを、さまざまな学問分

第6章　大学のための戦略的リーダーシップとプランニング　97

野から適切に見つけ出す必要がある。ちょうどノルウェーのボド・ビジネス・スクール（Bodo Business School in Norway）のようないくつかの大学で実施されているように、経験豊かな起業家やメンター（mentors）の指導の下で、最初の年に事業経営自体を始めることを、起業家的活動（entrepreneurship）プログラムの各学生に必修にするとよいかもしれない。

　また、コースを開発・運営し、起業家としてのスキルズを発達させ、学生の起業家としての情熱に火をつけるために産業界から成功者（movers）や先駆者（shakers）を招聘（しょうへい）することも重要であり、それによって、学生たちが起業家として開花する支援ができる。大学に附設した新規ビジネス立ち上げのためのインキュベーター（incubators）の設立は、現在多くの国々において共通の動きである。そこでは、学生たちを起業的環境に浸らせ、進取の気性や機知に富み自主的に率先して物事を行うことができるよう育成し、最終的には、彼らが成功した起業家として開花することを目標としている。

　研究によって生み出された新しい知識や産業としての可能性や営利的価値の発見は、多くの場合営利化されていない。そして大学には、新しい知識や発見を商業化する文化は存在しない。したがって、スタッフを教育し指導するために必要なサービスを準備するための組織的メカニズムか構造を持つことは有益であるだろう。このサービスを通して、スタッフは、研究による発見、革新、発明、新しい知識をどのように営利化するかを学び、新しいアイデアや知識をどのように革新的なプロダクトやサービスに変換するかを学ぶ。さらに、このサービスは、創造性、革新、発明などに関連する諸コースを開発し提供する。そして、これらのコースは、スタッフの分析能力を鋭敏にし、想像力や探究心を育成し、創造的ですばらしい思考を促すだろうし、結果、革新の情熱に火をつけ新しい知識を創造するかもしれない。

　起業家養成大学（an entrepreneurial university）は、伝統的な大学に比べいくつか有利な点がある。ライセンス、特許、副産物としての会社から得られる収入によって、国の助成金への依存度を減らすことで、企業家養成大学はいくつか強みを持っている。たとえば、独自に生み出した収入による行政・財政上の独立性の強化、より革新的で起業家的な卒業生の輩出、卒業生の雇用価値の改善、そして産業育成、ビジネスの発展や地域発展への大きな貢献は、こ

のタイプの大学の最も有利な点である。我々の目を世界に転じるなら、そこには、単に効果的な本当のパートナーであるだけでなく、地域発展の推進力やエンジンとなっている多くの大学が存在する。その中には、アメリカ合衆国のスタンフォード大学、ドイツのアーハン工科大学（Technology University in Aachen）、イギリスのシェーフィールド（University of Sheffield）、フィンランドのオウル大学（Oulu University）、スウェーデンのチャルマーズ大学（Chalmers）、インドのプンジャブ大学（Punjab University）などがある。

5. 戦略的プランニング

　戦略（strategy）は、定義しがたい概念である。戦略は、全体の行動計画と、その構成部分である作戦とを区別する軍事的状況で使用されたのが最初であった。1970年代、戦略計画に関連する理論的概念の発展が、競争の激しいビジネスの環境の中で最初に始まり発展した。戦略的プランニング（strategic planning）は、組織にそれがありたいと望む未来の姿になるように、現在の状況を注意深く配慮し方向を決定することを可能にする。戦略的プランニングは、単に計画を立案し実行するだけではない。それは、いっそう複雑な相互作用の過程である。プランニング（planning）は、意思を決定する前に行われる過程である。プラン（plan）は、行動の方向・方針に関する決断と定義される。行動の方向・方針は、行動の連続であり、これらの行動は相互に関連し合い一つのまとまりとして見ることができる。成功しているすべての組織はプランをもっている。組織や国の中には、立案したプランを実行に移さないところもある。もし、組織がプランを立案したなら、その案が成功するように実行しなければならない。そして、その組織に属するすべての者はそのプランに従う。プランニングは、行動に必要な論理的な準備（intelligent preparation）である。プランニング・プロセスは、物事を決める前に行う活動からは区別され、慎重に系統立てられ継続的である。そのプロセスは、次の点で我々の関心を向けさせる（Gamage, 2006）。

① 民主的でオープンなマネジメントか、それとも独裁的で閉鎖的なマネジ

メントか。つまり、組織や人的資源のマネジメントにおいて、創造的かつ柔軟か、それとも硬直的か。

② 特に長期的にみて、財政面でも人的資源の利用においても、より効率的か、それとも浪費的か。

③ 学生やスタッフの間で、組織の目標に対して共通認識や献身の心を培うか、それとも、士気をくじく方向に導くか。

④ 専門の組織として発展させるか、それとも、官僚的な形式主義的傾向をいっそう強めるか。

　リーダーが、組織の適切な道を選択することは、リーダーシップの責任と使命である。リーダーシップが民主的で非常に効果的な組織に発展させることを望むか、意見や主導権の違いを抑え、やる気をなくさせる官僚的組織に発展させるのかは、リーダーの取る姿勢にかかっている。もちろん、行為は言葉以上に説得力がある。それゆえ、プランニングとは、組織の進むべき方向をスタッフと学生に理解させ得るリーダーシップのスタイル、意思決定へのアプローチ、スタッフや学生への態度であり、それは、リーダーシップに要求される極めて重要な戦略的決定である。

（1） プランニングの重要性

　教育経営において、プランニングが重要である理由が2つある。まず、プランニングは、経営機能の連続性の中で、それ自体が占める重要度において、第一位（primacy）にある。次に、プランニングは、全体の組織に影響する行為であり波及性（pervasiveness）を持っている。第一位性については、プランニングは、特に組織を組織化し（または）コントロールする時に、他のすべての経営行為に優先する。プランニングは、追い求める目標と、目標の達成を目指す戦略を設定する。プランニングは、直線的に進む最初のステップであると考えるべきではない。アクション・プランが周期的に展開され再検討されるように、設定された目標は、変化した環境や新しい発展に適応するように、修正されなければならないかもしれない。プランニングの波及性は、他のすべての経営の役割の実行の中に顕在化し、表に現れないが、組織の構成員の活動の中に明らかである。

プランニングは、どのような組織的環境でも、リーダーやマネジャーの極めて重要な責任であると考えられる。ブーンとカルツ（Boone and Kurtz, 1987）によれば、プランニングの重要性には、明確な理由がある。

① プランニングは、実行に関連している。―組織の成功は、周到な準備にもとづいたプランニング次第である。
② プランニングは、目標に注意を払う。―プランは、目標の重要性を繰り返し強調する。また、決定が確実に達成に貢献するように補助し、上級経営担当者たち（top administrators）が、重要度や関連性のより低い決定や行動を行わないように補助する。
③ プランニングは、不確実性と予想される問題を相殺する一助となる。―未来に発生可能な緊急事態のためにプランを立案することによって、スタッフは在職保有権（tenure）を安心して確保できるようになり、リーダーやマネジャーは、より十分な準備ができ先取り的になる。
④ プランニングは、意思決定のためのガイドラインを準備する。―プランは、設定された目標を達成するために必要な諸行動を具体的に定め、将来の活動を決定する基礎として役立つ。
⑤ プランニングは、モニターやコントロールを容易にするために必要である。―プランを考えることは、リーダーやマネジャーが、決定したことが適切に実行されるかどうか、組織の目標が達成されているかどうかの判断を助ける。

プランニングは、現代の大学が抱える下記の問題を解決する際に重要である。
○限られた資源を最大に活用する方法とは？
○組織をより効率的に、そして効果的にする方法とは？
○公平な要求（requirements）と継続的に歩調を合わせる方法とは？
○経済的・社会的ニーズを満たすために変化している環境に、アカデミック・プログラムをより良く適応させる方法とは？

変化は、組織的な計画やコーディネーションを必要とする。プランニングの過程において、短期から中期に達成される目標と同様に、長期的目標と優先順位に適切な注意を払うべきである。最後に、有能な教育リーダーや市民リー

ダーは、少なくとも目標や主要な政策決定のプロセスに参加すべきであることを、教育の改善計画に関心のある者は、認識する必要がある。なぜなら、目標や政策が教育の何か重要な変化に影響を与える指針として利用される前に、一般市民は、その目標や政策を受け入れる必要があるからである。

　研究者たちは、様々な表現でプランニングの肯定的な影響を強調する。ティモンズ（Timmons, 1999）は、マネジメントの未来を考えるとき、プランニングは機会や変化を予想できると指摘する。バングス（Bangs, 1996）は、弱点、ニーズ、問題があらゆるところで被害を拡大する前に、これらの弱点、ニーズ、問題の客観的評価を可能にすると主張するがそれは、ティモンズの意見と一致する。ブライソン（Bryson, 1990）は、フラヴェルとウリアムズ（Flavel and Williams, 1996）と同様、プランニングが戦略的に遂行されるとき、どのような組織にもはっきりした方向を与えると主張する。

（2） 戦略的プランニング

　戦略的プランニングは、望ましい組織を未来に実現するために、組織の資源を活用する効率的で効果的な手段を見つけるプロセスである（Flavel & Willimas, 1996）。ウエインドリング（Weindling, 1997）は、戦略的プランニングは段階的で緩やかに変化するプランニングの性格を持つと指摘している。そこでは、プラン自体が変化する環境に適応して変化する。戦略的プランは、教育に直接責任を負う者たち以外の機関やグループとの生産的関係を促進しそれを要求する。それは、政策決定や新しい目標ないし修正された目標の設定を含む。このプランニングの概念は、プランの立案と実行に最も重い責任のある教育機関のリーダーにとって、特別に重視されるべきである。なぜなら、要求さる変化を容易にするために不可欠な献身（commitment）と支援（support）を確保する助けとなるからである。

　デイヴィスとエリソン（Davies and Ellison, 1998）は、同時に生じ相互に作用し合いお互いに強化し合う3つの活動のタイプを含むものとして、プランニング・プロセスを再度概念化した。第1のタイプは、「未来思考」（future thinking）である。これは、教育環境での長期的で根本的変更を確認することを含んでいる。第2のタイプは、「戦略的計画と伝統的な戦略的プランニン

グ」(strategic intent and traditional strategic planning) である。戦略的意思は、それほどには予測できない領域に中期的プランニングの焦点を合わせる。一方で、伝統的な戦略的プランニングは、限定でき予測可能な領域のために使われる。第3のタイプは、「運営上の目標を設定すること」(operational target setting) である。このタイプは、組織が全体としての機関、様々な教授集団 (faculties)、あるいは部署や学生のための、測定可能な目標 (targets) を設定することができるようにする。

6. 戦略を組み立てる際の異なる見方

戦略がどのように組み立てられるかということについて異なる見方 (perspectives) がある。ベイリーとジョンソン (Bailey and Johnson, 1997) は次のような見方を提示している。

・プランニングの見方（The planning perspective）
・論理にもとづく修正循環的な見方（The logical incremental perspective）
・政治的な見方（The political perspective）
・文化的な見方（The cultural perspective）
・先見的な見方（The visionary perspective）
・自然選択的な見方（The natural selection perspective）

(1) プランニングの見方

ベイリーとジョンソン (1997) によれば、この戦略の組み立ての見方は、論理的、合理的、計画的なアプローチである。上級マネジャーは明確で戦略的な目標[2] (goals) とさらに詳細な目標 (objectives) を設定する。その時、組織と組織を取り巻く環境の体系的分析がなされる。そのデータから戦略の選択肢が生み出される。一つの戦略が選択される前に、いくつかの選択肢が評価される。選ばれた戦略は、具体的な計画に移し変えられる。戦略を発展させる体系的な枠組みの中で、モニタリングやコントロール・システムに備え、必要とされる資源が確認され、その後割り当てられる。

（2） 論理にもとづく修正循環的な見方

　ベイリーとジョンソン（1997）に引用されたリンドブルーム（Lindblom, 1959）は、戦略的行動を決定する過程で、組織や組織を取り巻く環境が複雑なために、リーダーやマネジャーが戦略的行動を決定する過程で、可能なすべての選択肢を考慮することは困難であると主張する。むしろ可能な戦略的選択肢の「限られた中での継続的比較」が、最高の選択肢を決定するために行われるという。リーダーたちが、未来に彼らの組織に望む明確な視野を持つとき、発展過程でそのように熱望される未来の方向に進むよう努力する。戦略的マネジメントに関する、この論理的漸変主義者（logical incrementalist）の見方は、組織を循環システムと見なす。この循環システムは、前の段階で行動結果を修正する環を含んでおり、そこで問題が再検討され解決策が再び計画される。分析は継続する。組織内で実行される分析の手順を環境の変化に適合させることで、評価にさらに磨きがかかる。

（3） 政治的な見方

　戦略を組み立てる際の政治的側面は、利益の対立している組織内グループと組織外グループとの間で妥協点を見いだすということである。戦略は、取引（bargaining）と交渉（negotiations）を通して組み立てられる。民主的システムでも独裁的システムでも、プランニングの通常の方向性（directives）は、政治的プロセスを通して形成される。当然、リーダーシップは、そのような方向性の形成において大きな影響力を持つ。

（4） 文化的な見方

　この見方は、リーダーやマネジャーの過去の経験、組織の歴史と過去の経験を通して培われ、組織のプランニングのプロセスの中に作られる。戦略の評価や選択は、組織構成員や受益者の間の共通の価値観、信仰、態度に影響される。

(5) 先見的な見方

特に最近の状況では、組織の戦略の選択は、その組織が率直に熱望する未来の状態である「組織のヴィジョン」(an organizational vision) によって影響される。それゆえ、リーダーは、大学の戦略的問題を処理するときや、ほかの受益者たちにそのような未来像をはっきりと伝達するときに、直観的で革新的な鋭敏さを活用することが期待される。その時、この明瞭化された考えは、組織に関わる問題を解決するための共有される未来像 (a shared vision) となる。

(6) 自然選択的な見方

教育組織の場合、戦略の選択に影響を与え、その選択を抑制する多くの環境的要因が存在する。組織に影響するこれらの外的要因は、限られた資源、偶発的出来事、誤り、戦術上の行動、既得権のコントロールをめぐる対立の形で、無意図的に生じるかもしれない。もし、外的要因による変化が有益であるなら、リーダーは、これらの要因を保持する選択をすべきである (Bailey & Johnson, 1997)。

7. 戦略的計画の立案

戦略的プランニングでは、段階的で緩やかに変化するプランニングと、調整可能、変化する環境への適応が強調される。未来をより体系的に見る一つの手段である戦略的プランニングは、1970年代にビジネスの分野で始まったが、現在では、ほとんどの組織で経営の考え方の標準的な部分になっている。このプランニングの主要な目的は、組織がさらに前進するように、最適な戦略の立案・実行を導き、環境に組織を適合させる手段を準備することである。今日、戦略的プランニングは、組織に立ちはだかるますます激変する環境や挑戦に立ち向かうリーダーやマネジャーを援護する最高のテクニックである。戦略的プランニングは、組織の長期的発展を全体的に展望する観点を持つので、多くの教育機関は、戦略的プランニングの概念を積極的に採用している。

8. 戦略的計画の立案・実行過程

　フィドラー（Fidler, 2002）は、戦略的プランニングのプロセスは、戦略的分析（strategic analysis）、戦略的選択（strategic choice）、戦略的実行（strategic implementation）の3つの概念的段階を含むという。その後に、どのようにプランするか、どのように選択するか、どのように計画・実行するか決定する3つのアクションの段階を踏むという。しかし、高等教育機関のための戦略的プランでは、リーダーシップが、プランニングの過程の鍵となる要素をしっかり握ることが必要である。これは、次の5つの経営的課題を含む。

① 教育機関がどこに向かって進むかを決定する「共有ヴィジョン」（a shared vision）を発展させる—心にイメージしている教育組織のタイプを描き、長期にわたり継続できる方向を準備するようなヴィジョンを発展させる。

② 目標を設定する—戦略的ヴィジョンを、教育機関によって最終的に得られる具体的な結果に変換する。

③ 戦略を組み立てる—期待される結果を達成するために行う。

④ 選択した戦略を実行する—効率的にそして効果的に行う。

⑤ 実行（performance）をモニタリングし評価する—新しい機会、脅威そして新しいアイデアに関連する状況の変化と実際の経験に照らして、ヴィジョン、長期目標、戦略の補正的調整を始める。

（1）「組織のミッション」に反映される「共有ヴィジョン」の形成

　戦略を組み立てる過程の初期段階では、リーダーシップは、提案した組織の未来に関連した鍵を握る問題の設定に焦点を合わせる必要がある。すなわち、我々が教育機関を発展させるときに必要な教育哲学は何か。同様な教育機関の間で、当該教育機関の位置はどこか。「ミッション」（mission）は、組織の存在の目的の表現に使われるもう一つの用語である。ミッションは、全体的目標と哲学を示すために使用され、多くは短い文か成句で表現される。また、通常、ミッションの文は、組織に関わる将来の政策や行動を示した、記憶に残る

ことが期待される。ブッシュとコールマン（Bush and Coleman, 2000）は、研究者の中には、ヴィジョンとミッションを互換して使用する者もいるが、ミッションは、組織の価値観のより具体的で永続的表現で、共有する価値観や思想を現実に合うように解釈する手段と考えるべきであるという。

　カレッジや大学の長期的方針に関連して注意深く熟考された結論を導くことで、リーダーシップは、次の5年そしてその後と、「組織がどのように変わるべきか」について、より明確な感覚を得るために、内部環境と外部環境を熟視すべきである。この意図的な戦略的ヴィジョンは、受益者たちが熱望しているものを熟慮し、組織がどこに向って行くつもりであるかという全景が彼らに見えるようにすべきである。そして、このヴィジョンは、戦略的プランを通して表される組織自体の発展について詳細を提供すべきである。たとえば、もともとマイクロソフト社は、「すべてのデスク、すべての家庭にコンピュータを、そしてコンピュータをあらゆることを可能にさせる道具として、良いソフトを使うコンピュータ」というヴィジョンを設定した。しかし、1999年、急速なテクノロジーの進歩のために、マイクロソフト社のヴィジョンは、「いつでも、どこでも、どんな装置でも、すばらしいソフトを通して人々に能力を与える」というように、さらに広く解釈されるようになった。大学は、「我々のミッションは、教育、研究、サービスに卓越することに全力を尽くす」というミッション・ステートメントを掲げることもあり得る。

（2）組織目標の設定

　組織目標を設定する目的は、組織のミッションを基礎にした戦略的ヴィジョン実現に向けて「リーダーとしての願望」（the leadership aspiration）を、具体的達成のターゲット（達成の期待される諸結果［results and outcomes］）に変換することである。組織の目標（objectives）を設定し、設定目標や結果（outcomes）がスケジュールどおりに達成できるかどうか測定することは、進捗状況を追跡し調整するのに役立つ。高いパフォーマンスを達成している組織、あるいは優良な組織のリーダーやマネジャーは、苦闘や多大な努力なしには達成できない詳細な目標（objectives）を設定する。大胆で積極的な実行ターゲット（performance targets）を達成する試みに挑戦すること

で、リーダーシップは、創意に富むようになる。また、資源確保と期待する結果の両方を改善する緊急性を明示できるようになる。さらに、リーダーの行為によりいっそう意識的に焦点を合わせることができるようになる。目標の設定は、すべての学部（faculty）と部門のリーダーたちによってなされるべきである。すべての部門や学部は、設定目標の方向に貢献する具体的で測定可能な実行ターゲットを必要とする。組織の幅広い目標（objectives）が各部門や各学部の具体的なターゲットに分けられるとき、下位レベルのリーダーや教授たちは、設定された実行ターゲットの達成に対して責任を果たすことが可能となる。組織風土（organizational climate）や組織文化を貫いて目指される結果（outcomes）は、組織全体を活気づけることができるかもしれない。

（3）戦略の組み立て

この段階では、戦略の立案を可能にする有能な構成員から成る「戦略プランニング委員会」（The Strategic Planning Committee）を設置できるリーダーシップが重要になる。この委員会でのリーダーの役割は、委員長の役割というより、委員会内で自由に討議ができ意見交換ができるようにすることである。

（4）戦略プランの実行

立案したプランが承認されると、同意した標的とする日程を守りつつ、多くのファカルティーや部署に責任を負う者たちによる実行の手順を組織化することは、CEOとしての権限の範疇で、学長や副理事長[3]（president or vice-chancellor）の責任である。プランのコーディネーションや原案作成に責任を負う戦略プランニング委員会（The Strategic Planning Committee）は、意思決定機関（governing body）へのCEOによる定期的な中間報告を受けるとともに、実行の進捗状況をモニターすべきである。CEOが戦略プランニング委員会のメンバーであることは、非常に重要である。問題が生じた場合、遅れることなく問題に対処するために行動を起こす必要がある。他方において、毎年その年の終わりに、次の年の目標（goals）に必要な調整を行い、その組織を前進させるために、この調整を次年度計画に取り入れる。

効率的で効果的に遂行し、達成予定日までに設定目標を達成する合意にも

とづいた戦略を実行するためになすべきことを把握するプロセスで、リーダーシップ・スキルズは大変重要である。戦略プランは、現場にもとづき作成されるものであり、現場の行政的課題（administrative task）に緊密に関連している。そして、この行政的課題は次のような要素を含むべきである。

① 戦略的プランをうまく実行できるような組織を作る。
② 専門的な資格を有し能力のある人材の活用を確実にするために、資源配分が最も必要とされる部門やファカルティーに資源を割り当てる。
③ 適切な構造、政策、運用の手順、同意された戦略を支援する過程を確立する。
④ 設定された目標（goals）とターゲット（targets）を達成するためにスタッフに動機づけを行い、エネルギーを与える。必要なところでは、ジョブ・デザインを、戦略とプランの実行とがより適合するように、修正する必要があるかもしれない。
⑤ 報償と評価政策は、期待する結果（desired results）を達成するために調整が必要である。
⑥ 学生とスタッフの両方のために、実行を改善に導く変化に貢献し、うまく反応する組織風土と組織文化を創造する。
⑦ 組織構成員や関係する受益者に情報が十分に行き渡るように、効果的なコミュニケーションのネットワークを確立する。
⑧ 顧客志向、継続的なスタック・ディベロプメント、すべての領域と側面でプログラムと施設の改善を確実にするために、TQMの概念を採用する。

（5） 進捗状況のモニタリングと評価

戦略的プランニングの実行プロセスや進捗状況をモニターすることは、リーダーシップや「戦略プランニング委員会」の重要な責任である。また、生じる可能性のある問題や障害を見つけることも、リーダーシップや委員会の重要な責任である。継続的に状況を報告し、提案された修正のための測定の承認を得るために、意思決定機関（governing body）に進捗状況を定期的に伝える報告書を準備する必要がある。また、常に組織運営の先頭に立ち、物事が内部で十分にうまく進んでいるかどうか判断し、外部の展開状況を常に注意深くモニ

ターすることも、リーダーシップの責任である。問題や障害が生じるところではどこでも、修正のための測定が速やかにそして効果的に行われる必要がある。

おわりに

　この章では、現代の世界で組織が存続し発展するために必要な戦略的リーダーシップと戦略的プランニングの重要性を吟味した。戦略的リーダーシップは、止まることのない厳しい競争の高等教育市場で生き残るための鍵である。現代は、オックスフォードとケンブリッジによって培われた伝統を捨て、アカデミック・コミュニティーの内外から革新的で起業家的な戦略的リーダーを探し求める時代である。戦略的プランを立案・実行することは、戦略的リーダーやマネジャーの主要な機能であり責任であると考えられる。効力があり先取り的なリーダーやマネジャーであるためには、理論的に確かな基礎の習得の上に、必要なスキルズや能力を発達させるために要求される教育やトレーニングを受ける必要がある。つまり、戦略的リーダーシップ、戦略的組み立て、より厳密には戦略的プランニングに関連した理論的基礎の習得が必要とされているのである。

[訳者注]
1) 著者が、第4章でオーストラリアの大学の例として扱ったニューカッスル大学の場合、ファカルティーは、従来型の小規模なファカルティーが統合したメガ・ファカルティーのこと。小規模なファカルティーは、「schools」と表現しており、本章でも「schools」を学部、「faculties」をアタカナ表記のファカルティーとして表記した。
2) 「a purpose」「goals」「objectives」「targets」はそれぞれ目的、目標と訳されるが、この4つの用語は相対的に使用される。1つの「purpose」に対して、複数の「goals」が設定され、それぞれの「goal」に対して、複数の「objectives」が設定される。それぞれの「objective」を達成するために複数のtargetsを設定し実行することになる。この場合は、「purpose」は目的、「goal」は目標、「objective」は詳細な目標、「target」はターゲットとし区別した。
3) オーストラリアでは、副理事長が学長に当たる。第4章「オーストラリアの大学の自治と行政」を参照。

第7章

TQMの高等教育への応用とその影響

はじめに

　現在、世界の高等教育は、2つの主要な特徴を有する。1つは、人間の努力がなされたあらゆる領域でテクノロジーが高度に発達した21世紀になっても、人的・経済的な発展に対する高等教育への期待は大きく、高等教育は個人的発達や経済的発達と密接に結びついている。世界のほとんどの政府は、高等教育は、長期的に見れば国の発展をより高いレベルに導く人的資源の発展を可能にすると信じている。これを証明するために、経済学者や研究者は、巨大な天然資源を有するブラジルやロシアのような国々と比較して、世界で第1位と第2位の経済大国を作り上げたアメリカ合衆国や日本の例を取り上げる。2つめは、世界的に見ても、説明責任や顧客志向を保証する緊急課題がある一方で、公的資金の減少やコストの高騰の真只中にあり、資金、学生、教員獲得の激しい競争のため、高等教育制度は危機的状況にあることである。
　さらに、もう1つの特徴として、高等教育機関が激しい競争に勝ち残ろうとするなら、顧客志向を十分に反映したトータル・クォリティー・マネジメント（total quality management: TQM）のコンセプトを受け入れざるを得ない現実がある。そこで、本章では、TQMとは何か、どのようにTQMが始動されるのか、高等教育に応用する場合TQMをどのように理解・応用すればよいのか、そして、克服すべき課題、高等教育へのインパクト、世界の動向、質の

保証の尺度を取り入れた場合どのような利益があるかについて論じた。

1. トータル・クォリティー・マネジメント

多くの組織は、質が決定的に重要であるという結論に達している。ある組織は、質を、21世紀を生き抜くための必要条件であると見ている。多くの研究者たちは（Bonstingl, 1992; Deming, 1986; Newby, 1999; and Owlia & Aspinwall, 1996）、組織による成果やサービスの質の重要性を強調している。現代の世界では、ビジネス、産業界、政府部門を含む教育分野の最重要で緊急な課題の一つが、それぞれの分野の成果とサービスの質である。高等教育へのTQMの応用について研究するためには、TQMの定義を理解することが最も重要である。しかも、TQMについては多くの定義づけがある。ダハルガード、クリスティンソンとカンジ（Dahlgaard, Kristensen and Kanji, 1995）は、TQMを、どのような組織も、組織ヴィジョンの達成に導く継続的質改善プランを使って、長期的プランニングを通して実行することができる経営過程（management process）であると定義する。この組織ヴィジョンは、すべての従業員の努力によって達成される顧客の満足度の向上によって特徴づけられる組織文化を発展させる。ウィルキンソンとウィチャー（Wilkinson and Witcher, 1991）は、ヒエラルキー・アプローチ（a hierarchical approach）を採ることでTQMを定義する。質は、すべての者の参加によるTQMの達成を目指すとともに、低コストで全体の質（total quality）を向上させることで、顧客の期待を継続的に満足させることである。もう一つの定義は、ミラー（Miller）によるもので幅広く使用されており次のように定義される。

> 絶えず進行しているプロセスである。それによってトップ・マネジメントは、組織のすべての者が、組織内外の彼らの顧客の要求や期待を満足させる基準か、または、それ以上の基準を設定し達成する責任のすべてを果たすことができるように、あらゆる必要な手段を採る（Miller, 1996, p.157）。

2. 高等教育への適用

　高等教育へのTQMのような産業界で使用されている質の概念を導入する試みは、1980年代後半に始まった (Sallis, 1993)。これは、製造・サービス業界の多くの組織によって質の戦略が実行され好結果を生んだことから促進されたが、また、他方では、受益者のために高等教育の価値を改善する要求の高まりから促進された (Vazzana et al. 2000)。現在TQMは、アメリカや日本が世界で第1位・2位の経済大国になった過程で、一般的な質のマネジメント・モデルとして認知される一つの産業になっている。TQMは、教育分野でも明らかに当面の緊急課題になってきている。高まる質への要求をもとに、より良いマネジメントを高等教育にもたらす一段階として、現在多くの機関が高等教育の領域のあらゆる側面にトータル・クォリティー・マネジメントの原理を導入している (Bonser, 1992; Muller & Funnell, 1992; Yorke, 1992)。

3. TQM実行過程で直面する諸問題

　TQMの概念のサービス部門への応用は、容易なことではない。この分野の先行研究や世界の多くの大学で働いた著者の経験から、TQM応用への多くの障害、あるいは予測される障害が存在することは明らかである。障害には下記の点が含まれる。

① 学問の自由の概念と、質に対する共同責任よりは、個人の責任に依存する伝統
② 顧客に焦点を合わせるよりも、父親的温情主義の伝統
③ 専門主義の主張と、産業モデルとそれに使われる専門用語の拒否
④ 教育機関の組織文化を変える長くうんざりするプロセス
⑤ 質を測定する過程で経験する困難

（1） 学問の自由と個人の責任

　高等教育は、組織の自治と学問の自由（academic freedom）が最も価値あるものと考えられている非常にヒューマニスティックな領域である。専門化された教授集団は、彼らの縄張りを必死に守り、そこでは伝統に縛られた教授たちが、絶えざる改善を提案するようなパラダイムを受け入れそうにない。シモアー（Seymour, 1992）は、TQMは協同で働けるように人々を一つにしようと試みるが、大学は、主として学科（departments）、学部（schools）そして・またはファカルティー（faculties）に分権化されており、歴史的にも、縄張り意識（turfman-ship）が強く、勝ち負けを好む相互行為の特質を持っている。ティーチングの領域での専門主義の中核は、教室内での教師のような、その領域の専門家の自治に常に関連している。この場合には、それぞれの専門家は、学生たちと接している自分自身を基準に質を定義してきた（Morgan & Murgatroyd, 1994）。この専門的アプローチは、TQMとは異なる。なぜなら、TQMは確かに、仕事の基準や質に対し個人に責任を果たすことを勧めるが、しかし、それは、お互いに合意した目的と、質に対する明確な見方を持っているシステムとの関連の中でのみ行われるからである。

（2） カレッジと大学の父親的温情主義の伝統

　学生の要求が何であるかを決めるのは、伝統的に教師である。質に対するこの「トップ・ダウン」アプローチは顧客に焦点を合わせるTQMとは異なる。TQMは、学生たちを含む様々な受益者たちが何を望んでいるのか探り出し、彼らの要求に沿ってサービスを整理する重要性を強調する（Dahlgaard et al. 1995）。TQMの概念が顧客志向を強めて学生の役割を逆転することが期待されるとしても、学生たちは、「トップ・ダウン」アプローチの序列の末端にいることが多い。1999年、著者が先進国のある大学で行った大学院生向けの講義で、その年に発刊された出版物から引用した内容を扱った。そのとき、学校システムの中ですでにリーダーであった数人の学生が、その大学の図書館にある最新版は、1987年のものであると著者に話した。そこで著者は、「最新版を図書館に注文するように、あなたの教授に頼んではどうか」と示唆した。すると彼らは、「自分たちが犠牲者になるようなことは、したくない」と応え

た。この小さな、しかし具体的出来事は、過去からの慣習や伝統のために、学生たちや教授たち両者の認識（perceptions）を変えることの難しさを物語っている。

（3） プロフェッショナリズムへの要求

産業モデルやその専門用語は、教育の文化的伝統に不適切であるという理由で拒否される。顧客（customer）や市場（market）のような用語は営利的な環境にのみ適用できると主張する一部の教育者から抵抗を受けてきた（Corts, 1992; Sallis, 1993）。高等教育機関は、ビジネスの組織と異なるかもしれない。高等教育機関のメンバーにとって、学生を顧客として扱うことで彼らのニーズに応えることは、卓越性（excellence）の最も重要な形ではないからである。研究成果の質や研究の評判は、多くの高等教育機関では高く評価されるのが普通である。たとえ顧客の概念が合意されたとしても、多くの大学教授たちは、TQMによって設定される顧客ニーズの優先順位（priority）について不愉快に感じるだろう。しかしながら、大学では、学生は主要な顧客として受け入れられているが、一方で、親、雇用者、政府、社会のような他の潜在的な顧客も考慮されなければならない。このような大学における顧客の多様性は、ときどき大学の成果や目標の考え方に対立を生むことを意味する（Harrey, 1995）。

（4） 組織文化を変えるためのうんざりする仕事

大学は単なる製造業の環境の変形ではない。大学のスタッフのユニークな技術、経営構造、そして伝統的な自治は、TQMを実行する過程に大きな影響を与える。TQMは、結果として経営構造上の縦のラインを強化するが、それは、大学の教職員からすれば経営側のコントロールの強化、自治の弱体化が目論まれているかのように見える。事実、多くの組織では、権威のはっきりしたラインが存在する。マネジャーは、部下の行動に方向を与えモニターする責任があり、部下の責任遂行に対して説明責任を負う。大学の構造は、個人を主体にした仕事を重視することになるので、大学運営での全般的なTQMの発展と特定の質の改善を担うチームの両方にとっては、効果的なティーム・ワークを鈍らせることになるかもしれない。

（5） 質の測定の難しさ

　TQM が抵抗にあう主な理由は、質の測定、具体的な結果を確認する困難さ、そして説明責任を負うことができる人々を獲得する難しさにある。TQM の重要な原理の一つは、質の改善による効果を測定する必要性である。もっと正確に言えば、多くの組織は、質の改善をすることで節約される金額（savings）をもとに、「質の良いプログラム」（a quality programme）のコストを設定するよう努めるだろう（Rowley, 1997）。教育の環境では、これを実行することは困難かもしれない。この困難をいっそう難しくする多くの複雑な問題はあるが、しかし、大学に TQM を導入することは、つまらない試みでないことだけは明らかである。多様な顧客や彼らの様々なニーズ、緩やかに結合しているマネジメントの構造、大学の仕事の性質から生じる、実際の結果を確認することの難しさは、TQM の実行を妨げる可能性を持っている。

4. どのように TQM が高等教育に影響したか

　1990 年代、多くの大学は、サービスの質をモニタリングし向上させるために、大学のメカニズムを強化し始めた。これは、特に世界各国の政府の、高等教育システムの競争力維持を確保することへの高い関心による。したがって、さらなる高等教育機関の詳細な調査に対する国のアプローチが、各国のスタイルを反映したその国独特のアプローチと共に考え出された。しかしながら、大学の「質の良い産業」（quality industry）としての成長は、すべてのアカデミアに大変な衝撃を与え、何が質を構成するのかについて活発な議論がなされ、多くの大学教授は質が最も重要な課題であることに注目した。

　20 世紀の最後の 10 年間で、世界の教育制度は、財政難、公的な説明責任に対する要求そして高等教育機関の自治を守る必要性などから来る圧力に直面した。予見できる近未来にまで残ると思われる主要な領域の共通の関心事の一つは、質の保証のメカニズムの発展である。21 世紀に入り、現在の政策と実践の効力（effectiveness）を問う緊急な問題領域が現れ始めている。ハドソンとトーマス（Hudson and Thomas, 2003）は、21 世紀に入り、高等教育の本質

は、20世紀の最後の10年とは、かなり異なるものになり、あらゆる方向からみて、キーワードは「顧客中心の市場」(a customer-driven market) であるという。

事実、高等教育は、地方や地域から集まった学生たちの要求を満たすカレッジや大学が緩やかに連合したシステムから、グローバルな知識や産業組織のあらゆる特徴を包含する学問関連産業に進化している。他の第3次教育機関[1] (tertiary institutions) との激しい競争のために、高等教育は、医療やコミュニケーション産業と同様、規制緩和に踏み切った。その結果、グローバルな知識や学問関連産業は、急速に高度化した情報テクノロジーによって自由化され、場所と時間という足かせや資格要求から解き放たれた。ことによると、将来学習 (learning) は、いつでも、どこでも、誰にでもできるようになるかもしれないし、顧客を引きつけるためのプロダクトとサービスの絶えざる改善を暗示している (Gamage & Ueyama, 2001)。事実、最近ニューカッソル大学 (University of Newcastle, Australia) の「教育のリーダーシップとマネジメント」の修士課程 (the Master of Leadership and Management in Education: MLMEd) プログラムはインターネットを通して25を超える国々からプログラムに入学登録を望む学生を受け入れている。

このような環境において、いくつかの大学は、顧客の満足の方向に動き、産業の戦略の方法に従ってきた。そして、プログラムやサービスの質を改善するために、TQMの特質を応用し始めた。大学は、競争相手と自らを区別し、市場で競争力を持てるようにTQMを選択した (Mergen, Grant, & Widrick, 2000)。TQMにおける主要な点は、顧客の満足を達成する方向に努力することである。これは、顧客や彼らの要求を定義すること、顧客にサービスを提供するために使用するプロセスを改善すること、顧客の満足度を測定することを意味している (Mergen et al. 2000)。

教育において「顧客」の概念を新しく捉える方法は、学生、卒業生、雇用者、教授集団、職員が、プログラムやサービスの質や効力をどのように見ているか調査する組織的手段の必要性をもたらした (Welsh, Alexander & Dey, 2001)。したがって、顧客にとって実際に必要とされているものがまだ分からなくとも、求められている質は顧客の内に存在することは明らかである

(Yorke, 1999)。

　質の保証の問題に関連する「質」の定義の一つは、「目的との一致性」(fitness for purpose)(Harvey & Green, 1993)である。ヴロエイジェンスティジン(Vroeijenstijn, 1995)は、質の保証とは「質の維持・改善のために、組織的・構造的・継続的に質に注意を払うことである」と定義する。「質の保証」の定義は2つの性質を含むが、20世紀末の高等教育への圧力は、ヴロエイジェンスティジンの主張する「継続的向上」よりはむしろ、「目的の一致性」を強調した質の保証の定義の要素に焦点を合わせる傾向があった。もし質が「目的との一致性」をもとに判断されるなら、大学生活の目的や受益者たちが有する質に対する多様な見方は、明らかにされなければならない。すなわち、質の保証のプロセスには、異なる受益者が関わることから、受益者には彼ら自身の質の見方を明確に表現する機会が与えられなければならない(Barnett, 1997)。

　世界的に見ても、ITやテレコミュニケーションの進歩により、現在の学生は、キャンパス、キャンパス外、国外などで学ぶことができ、たくさんの選択肢を持っている。これらの選択肢によって、高等教育機関は学生を引きつけ確保することを可能にしている。この目的のために、大学が学生にとって何が重要かを認識し、それを提供することが肝要である。高等教育は、サービス産業としてますます認識されるようになっており、学生の期待やニーズを満たすことに重点を置いてきている(Cheng & Tam, 1997)。サービス組織において顧客の見方が重要な役割を果たすように、サービスの質に関する研究でも、「サービスの質に対する顧客の見方」(the customers' perception of service quality)や顧客の総合的満足度は、高等教育機関の達成や継続の決定要因であると指摘している(Shemwell, Yavas & Bilgin, 1998; Spreng & Mackoy, 1996)。

　高等教育機関が顧客満足を保証する目的は、2つの側面を持つ。1つは、組織存続のために、効率的かつ効果的な方法で、学生を引きつけ確保する必要があること。2つめに、説明責任(accountability)や実績測定(performance measures)に対する外部からの要求に関連することである。この目的は、高等教育における学生の満足度の測定の研究と、サービスの質に対する学生の見

方に関する研究をもたらした（Rowley, 1997）。一方において、ある大学が、プログラムやサービスの継続的改善を怠り、過去の功績や名声に頼るようなことになれば、その大学は、高等教育における現在の地位さえ失いかねない。

現在、サービスの質と満足度の関係について多くの研究がなされている。実践家や研究者は、競争を有利に運ぶために必要な質の改善方法の構築をもたらす、質の根本的前提やそれによって生じる結果をよりよく理解するために、サービスの質を正確に測定することに強い関心を持っている（Rust & Oliver, 1994）。サービスの質は、顧客を満足させる関係を作り維持するために重要な必要条件として、一般に理解されている。この意味で、サービスの質と顧客の満足との関係は、重要なトピック、戦略的な関心事として捉えられる（Cronin & Taylor, 1992）。1990年代以降、サービスの質と顧客の満足との関連性を確立する多くの試みがなされてきた。

顧客重視のアプローチを取ることで、高等教育の質の達成には学生の声の役割が、さらに重要になってきた。このアプローチで期待できることは、学生の判断において、サービスを提供するプロセスのどの部分が、より重要であるか確認できることである。この学生の判断は、学生がサービスの質を評価するとき使う質の保証のコア基準の解明に役立つものである。このアプローチは、より包括的なアプローチを提供することができる。長期的には、高等教育における「質」の意味のより明確な見方を提供できる。そして、質に対する学生の見方を認識する枠組み（a framework）を提供する。ヒル（Hill, 1995）は、高等教育の質の議論において、学生の意見は重く受け止めるべきであるという。

5. サービスの質と顧客の満足度

マーケティングの研究は、学生がアカデミック・プログラムや教育機関を選択する際の基準を明らかにするために使用されてきた。コトラーやフォックス（Kotler and Fox, 1985）は、マーケティングの概念やマーケティング経営テクニックは、すべてのカレッジと大学にも応用可能であり、特に変化する環境

において応用可能であると主張する。マーケティングの中心的原理は、サービスの質の概念と顧客の満足度の概念の上に構築されている。サービスの質と顧客の満足度は、おそらくマーケティングの理論と実践の中核に位置する2つのコア概念である（Spreng & Mackoy, 1996）。

「認知されるサービスの質」[2]（perceived service quality）を測定する上での評価基準の結果は、年令、性別、教育、学問領域、職業のような顧客の個人的特徴のような要素によって影響される（Bettman & Park, 1980; Oliver, 1980）。「認知されるサービスの質」による満足やこの質が持つ他の妥当な媒介的役割が、顧客の個人的特徴に効果的に働くことによって、全体の満足度を上げることが可能である。たとえば、ニューキャッスル大学の教育リーダーシップ・教育経営修士課程（MLMED）の遠隔学習の学生は、「教育行政学入門」の講座履修後、授業評価最高点5をつけ、次のようなコメントを記した。

> 私はこの講座は最高だったと思う。評価（assessment）課題は、学生に自己の経験と関連させて講義内容の理解度を示すことを要求した。この講座は、私の学校で効果的なリーダーになるための私の能力を改善したと確信する。文献や講義の知識はすばらしかった。感謝する（MLMEd student, Semester 1, 2004）。

また、同じプログラムの「リーダーシップと戦略的経営」の講座を履修した遠隔学習の学生は、講座の質について次のようなコメントをした（「リーダーシップと戦略的経営」は2つのモジュールから構成されており、モジュール1は著者が担当し、モジュール2は同僚が担当）。

> これは、意欲的なリーダーに未来のリーダーシップの役割を準備するには最高の講座である。私の学校は、実践面に重きを置いたこの講座に感謝する。この講座は、長期的な利益（戦略的プランとプランニングの枠組み）を私の学校にもたらした。私の唯一気になる点は、モジュール2の課題2であった。……しかし、これは小さなことである。私は、この講座の課題を完成するプロセスを楽しんだ（MLMEd student, Semester 1, 2004）。

9つの私立大学の学生1,532名を対象にしたタイでの最近の研究は、資金を新たに投入しなくても、もしサービスの質が、いっそうの献身的努力で改善されるならば、質が達成できることを示した良い例である。分析結果は、学生の

満足に最も貢献する要素は、「教授集団と学生の関係の質」と「アカデミック・プログラムの質」であることを示唆している（Suwarnabroma, 2004）。

6. 世界的動向

現在の流れの中で、質の保証は何にも増して重要になっている。カー（Kerr, 1987）によれば、高等教育は、「進化の過程の変化」の時期にきているのではなく、「変革」の時期にきているという。高等教育の拡大、大学と経済的発展との関係をより密接にしたいという新しい要求、そして大学間の国際競争の出現は、現代の高等教育の質への関心をもたらした要因である。すべての国の社会的関心を高等教育の適切な効率に目を向けさせることで、「投資による利益」の具体的な概念が呼び起こされる。

最近、高等教育の受益者による教育機関の説明責任を求める声が高まっている。この要求は、最初政府から発せられたものであり、政府は、高等教育への公的投資は、公的資金を受けた機関が達成した成果に対する線密な調査を正当化すると主張する。学生もまた、彼らのニーズを満たすために、質の良いティーチングや適切な学習のためのリソースを期待する。また、これらの要求は、高等教育の拡大が質を脅かすのではないかという不安によるものでもある（Walden, 1996）。最近、公的資金獲得に参加する高等教育機関が増加する一方で、公的資金そのものは減少傾向にある。この傾向は、学生と教員の比率を悪化させると同時に、次の問題を問う可能性を持っている。すなわち、このような環境の変化の中で、一般市民に高等教育の質の維持をどのように保証することができるかという問題である（Porter, 2000）。

世界の国々で進行中の高等教育における質の保証への傾向は、質をモニタリングするシステムの必要性を明らかにする。このシステムは、単に規定に則った機能を果たすだけでなく、開発的機能を提供し教育経験の質を改善するシステムである。様々な国々の質の保証システムの発展過程を分析することで、把握しがたい質の保証の概念をより具体的なものにすることができ、さらに、質を達成・維持・改善するための枠組み（a framework）の構築を可能にする。

（1） アメリカ合衆国

　アメリカ合衆国では、入学基準の設定や単位互換の基準作りの必要から、第2次世界大戦前に大学の認証評価制度（accreditation）が始まった。他の自発的な認証行為が追随し、特定の学問分野や専門分野は、容認できない実践から質の基準を守るために、学問・専門分野自体でプログラムをモニターし始めた。高等教育認定審議会（the Council for Higher Education Accreditation: CHEA）が地域の認証評価機関や専門分野の認証評価機関の保護組織（an umbrella organization）として発展した。それゆえ、1993年、CHEAはその前身である中等後教育認定審議会（the Council on Postsecondary Accreditation: COPA）の解散から出現した。CHEAの調査結果と同様に、アメリカの多くの認証評価機関からの聞き取りによる情報もまた、世界中で質の調査活動の拡大に強い関心のあることを裏づけている（Eaton, 2001）。

　1990年、当時「ティーチング向上のためのカーネギー財団」（the Carnegie Foundation for the Advancement of Teaching）の代表であったアーネスト・ボイヤー（Earnest Boyer）は、『学問の再考：大学教授の優先順位』（Scholarship Reconsidered: Priorities for the Professoriate）という報告書を出版し、ティーチングをさらに重視する必要性を強く主張した。そして、彼の報告書は、ティーチングの質を重視する他の多くの研究論文や研究書の出版に結びつく非常に大きな関心を引き起こした。これらの研究報告は、学者の活動をより幅広く評価する必要性を共通の主題としていた（Gamage & Mininberg, 2003）。

（2） ヨーロッパ

　地域的に見て、ヨーロッパは「ヨーロッパの教育スペース」（a European education space）を創造する挑戦に取り組んでおり、現在、教育機関や教育組織のヨーロッパ型の認証評価の実行可能性を模索している（Eaton, 2001）。これは、様々な国々の質調査の取り組みの上に「全欧州の」（European）という刻印を押すことにあると思われる。この包括的なヨーロッパ型アプローチは、ヨーロッパの高等教育の一部のリーダーたちには魅力的なものである一方、このアプローチに懸念を抱いているリーダーたちも存在する。

(3) 日 本

1986年、文部省は、諮問機関として大学審議会（a University Council: UC）を設立した。大学審議会は、産業界や労働組合の代表を含んだ専門家たちから構成されており、国立、公立、私立に関わらず高等教育機関に「自己モニタリングと自己評価」制度の導入を勧告した。この勧告は、1991年6月に実行に移された。大学基準協会（the Japanese University Accreditation Association: JUAA）はまた、実行過程に重要な影響を与えた。1992年、大学基準協会は、自己モニタリングと自己評価のためのガイドラインを出版し、1996年には自発的な外部評価プログラムを導入した。加えて、文部科学省は、評価と質の保証のプログラムをより組織的にするよう促した。この政策は、基本的に地方の大学、公立大学、私立大学にも適用された（Yonezawa, 1998）。米沢（2002）は、日本では研究領域での競争が、近年の自己モニタリングと自己評価活動を活発化したと指摘する。

(4) 英 国

現在、英国の高等教育は、質の保証、会計監査、評価の枠組みの中で運営されている。質の保証とコントロールは、本来各教育機関の責任である。政策や手順が実地に運営されているかどうか確かめることは、高等教育水準審議会[3]の質に関する監査部門（the Division of Quality Audit of the Higher Education Quality Council: HEQC）の責任である。HEQCは、大学学長とカレッジ学長の委員会のアカデミック監査部門（the Academic Audit of Unit of the Committee of Vice Chancellors and College-Principals: CVCP）に取って代わった部門である（Gordon, 1993）。

(5) オーストラリア

1991年、オーストラリアの大学は、質の保証の測定要求を受け入れる代わりに、財政上の報奨金が提供された。現在では、オーストラリアのほとんどの大学が、質の保証のメカニズムを内部構造に組み入れている。大学の内部構造は、教授集団の自己評価や他の行政部署の自己評価、それに続く周期的な外部評価を含んでいる。ニューカッソル大学（the University of Newcastle）

のようなオーストラリアの大学は、アカデミック・プログラムや学生・コミュニティーへのサービスの継続的な改善を確かなものにするために、学部 (schools) やファカルティー (faculties) のそれぞれのレベルに質の保証の義務を負うマネジャーと副学部長 (assistant deans) を任命している。講座質問調査 (Course Experience Questionnaire: CEQ) と学生講座評価 (Student Evaluation of Subjects: SES) が評価手段であり、大学のコースやサービスの質に対する学生の満足度を測定するために、オーストラリアでは幅広く使用されている (Gamage, 2002)。

2000年、「オーストラリア大学の質保証機構」(the Australian Universities Quality Agency: AUQA) が下記の活動を目的に、非営利組織として、「内閣付設の雇用、教育、訓練、青年問題に関する審議会」(the Ministerial Council on Employment, Education, Training and Youth Affairs: MCEETYA) によって設立された。

① オーストラリアの諸大学の活動、他の自己評価機関 (self-accrediting institutions: SAIs) の活動、州や準州の高等教育法人の活動に関連して、QA[4]の整理を定期的に審査するシステムを準備、運営する。
② SAIによるQAの整理、州・準州の認証評価プロセスと手続き、これらのプロセスのプログラムの質への影響について、モニター、調査、分析し、報告書を準備する。
③ 州や準州の評価プロセスで教育機関の監査期間内に得られる情報をもとに、新しい大学や大学でない高等教育コースの認証 (accreditation) のための基準を報告する。
④ 審査過程で得た情報の結果として、オーストラリアの高等教育システムの、国際的順位を含んだ相対的基準とこのシステムのQAプロセスについて報告する。

(6) アジア・太平洋地域

1993年、アジアと太平洋地域の政府代表者と非営利の諸大学の代表のグループである、「アジア・太平洋における大学の移動に関する協会」(the University Mobility in Asia and Pacific Consortium: UMAP) が、学生や

教職員の移動の活発化に地域が挑戦するために組織された。加えて、うまく単位を移動できた学生は、最終的に高等教育機関の質を重視するという事実から、UMAPは、世界中に質の保証のつながり（linkages）を構築するよう強く求められている。

（7）香 港

1989年、香港政府は、大学1年生の登録者数を2倍にするために、高等教育システムのドラマチックな拡大政策を採用した。これは、1989～90年のこの年齢グループの9%から、1994～95年までに18%にするというものであった。大学助成金委員会（the University Grants Committee: UGC）は、年間140億ドル（香港ドル）にものぼる大規模な公的支出に対し責任があることから、質が量的拡大の中で見失われないように、質の保証を積極的にモニターするために、いくつかの測定を行った。UGCは、測定による質のコントロールによって組織の自治・学問の自由と公的な説明責任との間のバランスを保たなければならない。1990年、香港アカデミック基準審議会（the Hong Kong Council of Academic Accreditation: HKCAA）が、非大学機関（non-university institutions）によって計画・提供される学位プログラムのアカデミックな質と基準について、UGCに助言する目的で設立された。

（8）シンガポール

一方シンガポールでは、中央集権的な方針ではなく、高等教育自体が質の保証を運営する。質とアカデミックの基準の改善は、競争の激しい世界市場で競争力をつけるための、大学の主要な目標である。市場原理に支配される国で、説明責任や効率の圧力に適切に反応する大学運営を確かなものにする手段として、質の保証が適用される。シンガポールの諸大学は、民営セクターから経営コンセプト、理論、実践を採用している。ゴピアタンとモリス（Gopinathan and Morris, 1997）は、シンガポールの質の保証と審査の目的は、ティーチングと研究の質の改善と資源のより合理的分配を確実にすることであると指摘する。

（9）タイ国

　タイ国では、特に1990年代中盤のアジア金融危機以降、大学登録者数は激減した。私立大学は、国立大学に比べさらに悪影響を受けた。政府は、強力な調査委員会を設置し、国の経済問題に代って、学生に与えられた質の低い教育を批判した。委員会の報告書は、「質」を、グローバリゼーションの労働市場（job market）で競争する目的のために学生を訓練する要とした（Vargo, 1998）。タイ国の未来は、良いリーダーや市民の育成、過去の経験の蓄積、現在の環境からの学習、未来への挑戦の準備によって決まるとタイ政府は主張した。これらの目標を実現するために、タイ国政府は、質の保証システムを採用することで高質の教育促進を決意した。

7. 報告されているTQMの応用の利点

　1980年代後半以降、多くの第3次教育機関（tertiary institutions）が、多くの異なるアプローチや異なる質の保証のメカニズムのスタイルを試みてきた。教育機関とは無関係に、高等教育制度は、高等教育のプログラムやサービスの質の向上のために、何らかの質の評価手段を課してきた。英国は、質の保証の評価を課すための、多くの構造を作る主要な役割を果たしてきた。異なる背景を持ったカレッジや大学にTQMを応用する先駆的な試みから生み出された利点は次のようなものである。
　① 職場環境の改善に直接従事する機会をスタッフに提供する。
　② 説明する態度から顧客の意見に耳を傾ける態度へ変える。
　③ 改善された組織文化、態度、士気。
　④ 情報の収集、分析、分析に基づく決断をより重視する。
　⑤ 学科、学部、関連する複数の部署で働く人々の間の、より良い仕事関係や有効なコミュニケーション。
　⑥ 組織内の部署に関係なく、質に関連した課題に共有言語（common language）を生み出し活用する。
　⑦ 共有ヴィジョンの達成に向け、組織のヴィジョン、目標、戦略について

深まった理解や知識。
⑧　現行の出費に対する直接的な倹約と、潜在的な出費に対する間接的倹約。

　組織環境（organizational settings）におけるTQMの応用と高等教育の質を重視する最近の動向を通して得られた上記の利点は、大学においてTQM実行の拡大を生む建設的な影響をもたらすだろう。十分にTQMを実行するために、質を定める者としての顧客にしっかりと焦点を当てることが重要である。複雑な顧客群と彼らのニーズは、TQMの実行を大学にとってやりがいのある活動にする。それゆえ、すべての受益者によって高等教育機関を検証すると同時に、彼らの教育の質に対する見方もまた検証されるべきなのである。

おわりに

　一般に教育機関、特に高等教育機関による質の保証の測定を採用することは、もはや選択の余地がなく、競争的な世界でのサバイバルのためには不可欠である。高等教育のコストの増加と公的資金の減少、衛生教育や基礎教育のような領域と競争できない高等教育の無力さが、諸政府に高等教育の民営化を支持するように仕向けた。この質保証の測定は、高等教育機関自体のサバイバルのためにプログラムやサービスの質を継続的に改善するよう現存の高等教育機関に強いている。その上、コストの上昇のため、多くの国は、支出の負担を高等教育のプロダクトとサービスを消費するまさにその顧客に負わせている。
　これは、投資にみ合う高い質のリターン（high quality returns）を要求する顧客を生み出すことになる。これらの趨勢は、サバイバルの手段としてプロダクトとサービスの質を確実にする高等教育機関を必要とする。TQMが質についての伝統の上に作られるがゆえに、高等教育のTQMへの要求は重要性を増す。TQMは、学生であれ、教授であれ、行政関係者であれ、人々の継続的な成長の必要性を認め、それはまた、組織の行政、質の高いプログラム、研究、ティーチング、地域貢献に応用できる諸原理を含んでいる。それゆえ、TQMは、システム内で伝統的に分離されたあらゆる部署の橋渡しをすること

ができる。それはまた、卓越さと顧客満足の方向に邁進する21世紀の、より効果的なカレッジや大学を創造する新たな挑戦への一歩でもある。

[訳者注]
1) 中等教育機関（中・高）の後に来る、大学、工科大学、ポリテクニクスなどがおもなもので、日本では短期大学なども含まれる。
2) サービスの質は、サービスとして提供されるものに対するサービスを受ける側の見方によって定義されるという考え方に基づき、「認知されるサービスの質」と訳した。詳しくは第8章を参照。
3) 英国、オーストラリアの組織の日本語訳は、『学生からみた大学教育の質―授業評価からプログラム評価へ―』（広島大学高等教育研究開発センター、2006.3、pp.9-21）の用語を参考にした。
4) QAは、Quality Assuranceのこと。

第8章

大学のイメージ改善に寄与する学生サービス

はじめに

1970年代以降、世界の多くの国々で行われた高等教育改革は、教育の変革について様々な理由を挙げて説明している。ゴードン（Gordon, 1992）は、この改革過程にある多くの国の中心テーマは、説明責任、効率、現実重視の経営（managerialism）であり、これは教育の商品化を擁護するマネタリストによる経済政策の到来によって説明されると主張する。高等教育におけるもう一つの挑戦は、現在日本が行っているように、他の国の政府も、国公立大学の「大学の独立法人化」（autonomous universities）なる政策を推し進めていることである。2002年以来、タイのような国でさえ、財政的にも行政的にも国公立大学を独立させる努力がなされている。

この状況は、より多くの学生を大学に引きつけるために、そして、政府の補助金が次第に削減され限られた予算の中で生き残るために、私立大学と官立大学の間に激しい競争を招いている。さらに、ヴァーゴ（Vargo, 2000）は、学生たちや親たちは、必要なコストや学生が受ける講座と彼らの努力の結果や出費との間の釣り合いがとれることをますます強く要求するようになると見ている。したがって、大学は、大学のミッションを通して、受益者のニーズ、特に学生のニーズをいっそう満たすために、現在では大学の責任をはっきりと自覚している。これは、現在、質改善の市場メカニズムが大学において進行中であ

り、大学が組織の質を改善する方向で、学生たちのニーズを徹底的に理解することが、プログラムとサービスの質を改善するための重要な出発点であることを示している。この点から、本章は、プログラムとサービスの質に対する学生の見方（perceptions）[1]と彼らの総合的な満足度を探ることで、より効力のある質を保証するメカニズム（more effective quality assurance mechanisms）を開発する高等教育の供給者（providers）を支援することを目的とする。

1. 学生から見たサービスの質の側面

2002年タイで実施した学生数1,532名の調査結果から、直接的概念構成（direct constructs）として、概念化したサービスの質の10の要因を確認した。この10の要因（factors）の相関関係は、3つのカテゴリーに分類できる。
○アカデミックの側面（Academic Aspect）
　①教授集団の質、②プログラムの質、③大学の評判が、学生のサービスの質に対する見方に影響する重要な要因として考えられる。
○アカデミック以外の側面（Non-Academic Aspect）
　④金銭的支援と授業料、⑤就職支援、⑥カウンセリング支援、⑦不服申し立て制度が、学生のサービスの質に対する見方に影響した。
○施設の側面（Facilities Aspect）
　⑧ビルなどの施設一般、⑨図書館・情報処理施設、⑩学生組織が、サービスの質に対する見方の重要な要因として挙げられる。

ハーヴィー（Harvey, 1995）、ヒル（Hill, 1995）、ゲトフィールド（Gatfield, 2000）によれば、教育において、この10の要因は、サービスの質の保証を可能にする重要な諸要因の一つである。この点から、高等教育機関が、単に認証システムやティーチングの質の測定を通してだけでなく、学生がサービスの質において主要因であると考えるサービスの質の側面を通して、質の問題に取り組むことは重要である。

2. サービスの質に対する学生の総合的満足度

タイでの調査の度数分布や学生の総合的満足の割合によれば、50%弱の学生が、大学の提供する全般的サービスに比較的満足しているようであった。つまり、約52%の学生が大学のサービスの質に不満、もしくは無関心であったということでもある。また、学生の総合的満足度の平均値3.64は、中間値（3.0）をいくぶん上回った程度であった。これは、学生が大学の提供するサービスに基本的には満足しているものの、タイ国の私立大学において、学生のさらに高い総合的満足を達成するためには、サービスのいくつかの要素に改善の余地があることを示している。

しかしながら、ヒル（Hill, 1995）、ログロセン、セイドーハセミ、レイトナー（Logrosen Seyyed-Hashemi and Leitner, 2004）による研究は、学生の総合的満足は、通常学生のサービスの質の要因と年齢、性別、教育レベル、大学の所在地のような学生個々の特性（students' individual characteristics）によって変化することを発見した。それゆえ、学生個々の特性と学生の総合的満足に対する見方との関連を探るために、AMOSプログラム[2]の構造方程式モデリング（structural equation modeling: SEM）が採用された。分析結果は2つに分類され、第1部では、学生の見方の総合的満足に対する直接的影響に関連した結果を提示した。第2部では、学生個々の特性と総合的満足との関係における学生の見方の媒介効果（mediated effects）について細述した。このモデルに含まれたパス解析（path analysis）の結果は、標準パス係数（standardized path coefficients）で表され、$p<0.05$で有意差（significance）が認められる。

3. 学生の総合的満足に影響する重要な諸要因

このタイの研究は、認知される質（perceived quality）[3]は、学生の総合的満足に前向きな影響を与えることを示した。大学の提供するサービスにより肯定的な見方を持った学生は、高いレベルの総合的満足を報告する傾向があった。これは、学生の総合的な満足を維持するために、大学管理者（university administrators）は、学生が認知できる主要な3つの側面、「アカデミックの側面」「アカデミック以外の側面」「施設の側面」を向上させる必要があることを示している。

この結果はまた、学生の総合的満足度に最も影響するサービスの質の側面は、「アカデミックの側面」に対する学生の見方に関連する。次に影響力のある側面は、「アカデミック以外の側面」である点を指摘する。「施設の側面」は、学生の総合的満足に影響を与える重要度が、3つの側面の中で最小の側面である。この3つの側面のそれぞれに関連した結果を以下に詳述する。

（1）アカデミックの側面

アカデミックの側面は、おもに教授集団の質、プログラムの質、大学の評判に関わる要因によって決定される。注意すべきは、大学の評判が、この側面で学生の見方の違いに影響を与えた主な要因であり、教授集団の質、プログラムの質がこれに続く点である。

1）大学の評判

大学を取り巻く環境において、評判がいっそう重視されるようになっていることは明白であり、大学は市場で競争力を維持するために、大学の独自のイメージを創出している。さらに、ヌグエンとレブランク（Nguyen and LeBlanc, 2001）、カゾレアス、キム、モフィット（Kazoleas, Kim and Moffitt, 2001）、ホイトとブラウン（Hoyt and Brown, 2003）の研究のような多くの研究は、大学の評判の重要性を確認している。タイを扱ったこの研究の定量・定性両面の分析結果によれば、大学の評判に対する学生の見方に影響を与えた最も重要な要素として指摘される「友達と家族」「地域社会」「社会」がトップ3

の要素であったことは興味深い。この点から、大学管理者たちは、親や家族とコミュニケーションを取るために、効力のあるコミュニケーション・スキルズの改善に努め、メディアなどあらゆる手段を使って、アカデミックの側面、アカデミック以外の側面、施設の側面の優れた特徴を伝えることをより重視すべきである。

2) 教授集団[4]（アカデミック・スタッフ）

相対的な重要性から、教授集団の質は、学生の総合的満足度に影響を与える鍵となる要素であり、大学の評判に関連して、大変重要であると考えられた。この結果は、学生が教師と学生との「思いやりのある関係」（a caring relationship）を作り上げるような「個々への思いやり」（individual rapport）を最も重視したことを示している。この結果は、ロウマン（Lowman）の表彰を受けた教師たちについての1994年の研究の結果を支持している。ロウマンは、教室における「人間相互の思いやり」（interpersonal rapport）は重要な側面であると指摘する。これは、サービスの質を提供する試みにおいて、学生と教授の関係や相互の触れ合いが、良いサービスを提供する最前線の中心に位置していることに、大学管理者たちは繰り返し気づく必要があることを示している。

質的調査に回答した学生は、教授集団に関してティーチングの未熟さや専門家らしからぬ態度に否定的な見方を示した。ティーチング・スキルズについて見ると、教員は、可能な限り学生が獲得しやすい方法で、知識を増やし理解を高めることができるように、情報を整理し提供する責任があると、学生は考えているようである。また、知識を増やし理解を高める方法には、新しい知識の所在を突き止め、講座のために適切な資料を選択し、授業形態（たとえば、講義、討議、プロジェクトなど）に適切に臨む方法を含むべきであると考えているようである。この結果は、タイの学生は、教員に依存しており、特に教室内外での知識や支援に関して教員への依存度が高いことを示している。どのようなタイプの依存が好まれるかどうか考察することは、価値あることである。現在のような急速に変化する社会で、人々は独自で行動できるような訓練が必要であり、生涯教育への能力を身につけなければならない。この点において、他者への依存は、自分自身で知識を探求するために必要なスキルズの発達の欠如

を引き起こす恐れがあり、個人としての成長や専門家としての成長を遅らせるかもしれない。したがって、教員は、この点に留意し、学生を支援する時と学生自身で取り組むべき時とのバランスを適切に保つよう、心がける必要がある。

　専門家らしからぬ態度について、学生は、個人的関心に関連してこの問題を指摘した。この問題への彼らの否定的見方は、教員が学生の学習の進み具合について批判する時、自らの感情や言動を制御できないような教員から生じるようであった。これらの結果は、学生に敬意（dignity）や尊重（respect）を持って接し、思いやりのある良い関係（a good rapport）を作り上げることのできる積極的な対人関係のスキルズや能力が、教育の場面で学生の満足を向上させることを指摘している。すなわち、すべての教員は、学生との相互行為において、特に尊重、親切（civility）、専門家としての資質（professionalism）に注意を払い、共感（empathy）を持てるように意識することが不可欠である。

3）プログラムの質

　要因の重要度に関して、学生の総合的満足への影響を見ると、重要な要因は「教授集団の質」の次に「プログラムの質」であった。プログラムの質への見方に影響している重要な要素として、学生は、職業準備に関するカリキュラムの科目内容や知識の応用可能性に言及している。また、職を得る上でのプログラムの有効性を期待していると報告した。

　これらの結果は、タイ国の学生が、高等教育の特徴や目的は、仕事の準備とキャリアにより焦点を当てるべきであると信じている点を指摘する。この見解は、ゲラフティー（Geraghty, 1997）による研究結果によって支持される。彼は、学生がカレッジ（a college）や大学（a university）を選択する最も重要な理由は、学業を修了した後の、給料や給付金、給料が良い仕事のような経済的利点であることを指摘する。この見解はまた、教育は社会でのキャリア・アップと人生の成功への道であるというタイの信仰と結びついているようである。オスリヴァン（O'Sullivan）とタジャロエンスク（Tajaroensuk）は次のように言う。

より価値ある人間になるという意味と、やりがいのある仕事を得るという意味で、教育は手段であり、自己向上に役立つ主要な道筋であると親は見る（1997: 84）。

（2）アカデミック以外の側面

アカデミック以外の側面は、大学における学生の総合的満足について第2に重要な予測要因（predictor）であることが明らかとなった。アカデミック以外の側面は、おもに就職支援、金銭的支援と授業料、カウンセリング支援サービス、不服申し立て制度に関連する要因によって決定される。各要因に関連した調査結果を以下に詳述する。

1）就職支援

調査結果から、アカデミック以外の側面では、就職支援が、学生の質の見方に関連して最も重要な要因であることが明らかとなった。定量分析と定性分析の結果から、他の学年に比べ、第4学年生が就職支援要因を重視したことがわかった。学生たちは、仕事の機会についての情報や就職支援のための相談員を置くこと、申し込み用紙記入の練習、企業や雇用者とのつながりに結びつくようなガイダンスなどを準備することを大学に望んでいる。

これまで、タイでは、市場の拡大によって大卒者の需要が拡大していたので、大学の就職支援サービスが、最も重要なものになることはなかった（ONEC, 1997）。しかしながら、アジア経済危機にともなう1990年代後半の経済の遅滞と大卒者数の増加は、大学の就職サービス領域を劇的に変えた。大学生にとって、卒業時に良い仕事があるという保障はもはや存在しない。それゆえ、就職支援サービスは、いっそう必須のものとなっている（Kawani and Pothong, 1999）。一般に、タイの大学では、就職支援サービスは、あってもなくてもよい付属的な周辺サービスと考えられたていた。しかし、タイの調査結果は、就職支援サービスは、むしろ学生が高い価値を置く主要なサービスとして考えるべきであることを示している。

2）金銭的支援と授業料

金銭的支援や授業料の有効性は、学生が特定の大学を選択する気にさせるような、大学への学生の満足度に影響する重要な要因の一つとして挙げられる（Gerahty, 1997; Lockhart, 1997; and Webb, 1996）。タイの研究結果は、この

見解を支持しており、金銭的支援や授業料は、アカデミック以外の側面での学生の見方や学生の総合的満足に影響する第2に重要な要因である。1996年以降のタイの不景気が、学生や彼らの家族に経済的困窮を引き起こしたことを考えると、これらの結果は至極当然かもしれない。タイの学部学生は、高等学校を卒業後すぐに入学することが一般的な特徴であり、親への経済的依存度が高いことを考慮すれば、この要因が重視されるのは理解に足る。それゆえ、経済危機の間、家族所得は落ち込み、学生は、勉学の継続に困難な状況が続いた。特に私立大学に通う学生はそうであった。

　データの定量分析と定性分析によれば、金銭的支援に関して、ローンや奨学金を受ける際の公平性や平等性もまた、学生にとって主要な問題である。また、データ分析の結果、奨学金受給者に対する取り扱い方と一般学生のそれとの間にバランスを欠くことは、大学のサービスの質の否定的な見方に結びつく問題点である。これらの結果は、奨学金、補助金、ローンなどの金銭的支援の受給に申し込むためのプロセスが、学生にとって信頼できるプロセスであることが、大学のサービスの質に対する学生の肯定的な見方を作り上げる傾向があることを示唆している。したがって、基金や奨学金の分配の透明性を保証するために、これらの分配に関連する規則、規定、手続き方法を適切に運用することに注意を払わなければならない。また、大学の活動に義務的に参加させるというより、むしろ自発的な参加を勧めることによって、学生の権利が保持され保護されているという考えが広まるように、奨学金受給者に関わる政策や実践を作成・実施することは重要である。

　オーストラリアのニューカッソル大学のような多くの近代的な大学は、優秀な学生の入学を促すために、多くの様々な奨学金や金銭的援助を行っている。たとえば、ニューカッソルでは、経済的にそして教育的にハンデのある学生（disadvantaged students）に対して、平等化奨学金（Equity Scholarships）を提供している。加えて、ニューカッソル大学産業奨学金計画（a University of Newcastle Industry Scholarship Scheme: UNISS）を持っている。これは、企業での有益な経験と学位プログラムを結びつけ、学位プログラムを通して年間、4万7,650～8万ドル程度の経済的支援を行うものである。第2～5学年の学生には、継続学生の奨学金（Scholarships for Continuing Students）

が準備されている。夏期休暇奨学金（Summer Vacation Scholarships）は、学年の勉学領域に関連した分野で教授の指導による研究に着手する機会を提供している。優秀奨学金（Honors Scholarships）は、オーナーズ・プログラム（honors programs）の学生に与えられる。研究高学位奨学金（Research Higher Degree Scholarships）が修士と博士課程の学生に提供される。このほかにも、オーストラリア政府による援助金（Aus-Aid Scholarships）が準備されている。しかしながら、上述した奨学金の獲得には、学生の獲得競争への参加が不可欠である点に注目することは重要である（University of Newcastle, 2005）。

3） カウンセリング支援サービス

アーチャーとクーパー（Archer and Cooper, 1998）は、効果的なカレッジ・カウンセリング・サービスを提供することは、学生の学業の成功に貢献する重要な要因の一つであると主張する。タイでの調査結果は、アーチャーとクーパーの見解を支持しており、カウンセリング支援サービスが、アカデミック以外の側面において、学生たちの見方と総合的満足に影響を与える第3番目に重要な要因であることを示している。これらの結果は、学生が学業に関連する問題や個人的な問題について相談する場合に、学生はカウンセリング支援サービスが利用できることを重視していることを示している。タイの学部生が教育環境や学業上の問題のために、ストレスを感じていることを考えると、タイの学生がこの要因を重視することは理解できる。学業の成功や学問の達成への期待は、学生にとって、尻込みするか挑戦するかいずれかになる主要な緊急課題の一つである。大多数のタイの学生にとって、学業の成功への期待は、単に個人的な問題ではなく、家族の伝統、誇り、希望、仲間集団への信頼のようないくつかの要因に左右されると考えられる。タイの学生は、学問的に成功しなければならないというプレッシャーのために、毎日精神的ストレスを経験していると思われる。それゆえ、カウンセリング支援サービスは、単に望ましいといったものではなく、大変重要性の高いサービスであるといえる。

しかしながら、このタイ研究の質的調査によるデータ分析によると、半数以上の学生はカウンセリング支援サービスを一度も使用したことがなく、結果と

して、この要因についてコメントすることができなかった点が指摘される。タイの学生がカウンセリング支援サービスを求めないのは、東アジアの伝統的文化の影響であるという説明が可能である。トーマス（Thomas, 2001）は、東アジア文化圏で、カウンセリング・サービスや精神療法を十分に活用しない理由として、人々の心理的問題に対する態度や考え方があることを確認している。人々の態度や考え方の中には、「心理的問題で外部に助けを求めることは、家族の恥である」「このタイプの問題は、自分自身で解決しなければならない」などの考え方が含まれている。したがって、大学は、多くの学生がカウンセリング支援サービスを使うことにためらいを感じていることを理解すべきである。この点から、学生にカウンセリング支援サービスの使用を勧めることは、大学の責任である。大学は、ストレスを感じることや情緒的問題を抱えることは恥ではなく、助けを求めることは決して悪いことではない点を学生たちに伝えることで、彼らの意識改革に努めるべきである。

4）不服申し立て制度

タイの調査結果は、不服申し立て制度が、アカデミック以外の側面に対する学生の見方と彼らの総合的満足に影響する要因の中で、重要度の最も低い要因であったことを示している。この結果についての可能な説明として、タイ文化の持つ傾向、具体的には教育制度が挙げられる。たとえば、タイの人間関係は、ミディアム・ツ・ハイパワー・ディスタンス（a medium-to-high power distance）に特徴づけられる。これは、教師や大学管理者（administrators）のように上位にある者（senior status）に対して、学生はかなり異なる接し方をし、学生は彼らに率直に意見を言わないし、当然、彼らの意見との衝突を避けようとするということである（Prangpatanpon, 1996）。つまり、タイ文化は、内気さ（shyness）やクレンジャイ（Krengjai：他者の気持ちを特によく考えること）によって特徴づけられる集団内に形成される強力な倫理・道徳を重視しその発達を促し、そして、不快感を個人に与える行為や意見などの対立を生む行為を控える傾向がある（O'Sullivan and Tajarensuk, 1997）。これらの文化的特徴が、不満を言うことを学生に躊躇させることは明らかである。タイ文化は人間関係の維持や調和を強調するので、直接に批判する行為は礼儀として最悪のものであり、傷つけようとする行為として最悪の行為であること

を意味する（Shutte and Ciarlante, 1998, p.14）。また、定性分析の結果でも、不十分なサービスに不満を言うことは、他者に逆らうことであると学生が報告しており、この見解を支持している。

（3） 施設の側面

タイの調査結果は、施設の側面が、大学における学生の総合的満足に対して、重要度の最も低い予測要因であったことを示している。施設の側面は、おもに学生組織、ビルや施設一般、図書館と情報処理施設によって判断される。それぞれの要因についての結果は、以下に詳細を記す。

1） 学生団体組織

タイの調査結果は、学生組織が、施設の質に対する学生の見方に影響する最も重要な要因であることを明確に示している。学生は、学生組織に参加することは、友人関係、職業、人生に必要なスキルズを発達させるのに役立つと報告している。これらの結果は、学生組織への参加が、カレッジや大学に対する学生の満足度に影響する点を指摘している先行研究の結果と類似する（Cooper, Healy, and Simpson, 1994）。これらの活動を通して、学生は物ごとを達成する努力の重要性を学び、アカデミックな能力（House, 2000）、アカデミック・パフォーマンス、学生組織を通して培ったスキルズと能力の維持に自信をつけることができる（Terenzini, Pascarella, and Bliming, 1996）。

このタイ研究と先行研究の結果から、高等教育機関は、学生の多様なニーズや興味に対応することができる多様な学生組織を提供し、これらの学生組織を積極的に支援する必要があることがわかる。入学時から学生に学生組織への参加を勧め学生組織を支援することが重要であり、これによって、カレッジや大学に対する学生たちの態度を育成することができる。

2） 施設全般

施設環境は、顧客の態度や満足度に影響し、また影響を与えることができる。そして、ホテル、レストラン、銀行、小売店、病院、学校、大学などのサービス産業にとって、特にイメージ作りに重要である（Bitner, 1992; Hutton and Richardson, 1995; Tanner, 2000）。タイでの調査結果は、施設環境の重要性を指摘しており、ビルや施設環境は、施設の側面で、学生の見方に

影響する2番目に重要な要因であることを明らかにしている。

　調査結果は、清潔でこぎれいな、換気が良く適度な明るさがあり、適切な大きさの講義室を提供することの重要性を示している。もう一つの重要な要素は、学生にグループで集まり打ち解けて活動できる場所を提供することである。さらに興味深い点は、教員の研究室のデザインや構造が、施設の側面における学生の見方に影響する重要な要素である点である。学生は、複数の教員が共有する教員室より、各教員が所有する個室の研究室を好む。個室であれば、話の内容をほかの者に聞かれることもなく、個人的問題を話すことができるからである。したがって、適切で魅力的な環境を整えるために、大学は、大学のインフラとなる施設の安定した維持・管理を確実に行う必要がある。また、大学は、大学構内で、学生同士で活動し人間関係を育むことができるように、オープン・スペースを適切に整備・維持する必要がある。

3）図書館・情報処理施設

　タイの研究結果は、図書館と情報処理施設が、施設の側面の中で、サービスの質と総合的満足の学生の見方にとって影響力が最小の要因であることを示している。

　① 図書館

　　図書館を使用する学生たちは、異なるニーズを持っており、必要とするサービスも様々であることが挙げられる。コックとヒース（Cook and Heath）は、この点について次のように説明する。

> 　図書館が十分に機能するときでさえ、図書館は、川の流れの上にある橋の長さが旅人の気にとめられるほどには、利用者には意識されない場所である。不十分なコレクションや不適当な開館時間帯などで利用者の要求が満たされないとき、サービスの質に対する学生の見方は変わる（2001: 583）。

学生の見方に関して上述した点を考慮するなら、高等教育機関は、図書館が学生のニーズを満たすために、十分に計画されているかという点に注意を払う必要がある。特に、利用者の眼から見て充実した図書館を準備していくという考え方に注意を払う必要がある。

② 情報処理施設

　1997年のアジア金融危機以前にすでに、タイの高等教育機関ではテクノロジーを使用していた。タイは、金融危機の後も、南東アジア地域で経済的に競争力を維持することを望んだ。確かに、最近の情報社会で競争力を維持するためには、コンピュータ・リテラシーが必要であり、これは学生がグローバルな市場で競争できるように準備するスキルズの中で最も重要なスキルズの一つである。タイの研究結果は、情報処理施設に対する学生の見方は、単に最近のコンピュータが設置されているかというだけでなく、これらの施設が十分に維持・管理されているかどうかによって決まることを示している。さらに、コンピュータ関連機器やソフトの使用訓練や補助は不可欠であると見られる。

4. 総合的満足に対する学生の見方と学生個々の特性

　本節では、学生個々の特性 (students' individual characteristics)、学生の見方、総合的満足度との関係の分析結果を扱う。これらの構成概念 (constructs) の関係について洞察することは、大学のサービスの質を改善する構成概念の相互の影響をよりよく理解することにつながるだろう。分析結果によれば、学生個々の特性は、サービスの質に対する学生の見方と学生の大学に対する総合的満足度に直接影響する。この結果はまた、アカデミックの側面、アカデミック以外の側面、施設の側面における学生の見方と学生の総合的満足が、大学の所在、学問領域、学年によって異なることを示している。

(1) 学年による違い

　分析結果は、サービスの質の9つの要因に対する学生の見方について、第1学年生は、第4学年生とは大変異なるが、教授集団の要因については、違いが認められなかった点を指摘している。タイの調査結果は、大学の提供するサービスに対する学生の見方に、学年の違いは強く影響しているという諸先行研究の結果とも一致する (Oldfield and Baron, 2000)。基本的に、第1学年生は、

第4学年生と比べ、この9つの要因により好意的に回答した。これは、大学の提供するサービスを十分に経験していないことから、第1学年生は客観的判断ができないのかもしれないと説明できよう。一方ヒル（Hill, 1995）は、第4学年生は、大学在学中生徒から大人への過渡期を経験し、彼らの要求は、時間の経過とともに増すと主張する。これは、タイの私立大学の授業料が、ほとんど毎年値上げされており、授業料値上げは、大学教育期間中、学生にさらに金銭的投資を強いていることが理由ではないかと考えられる。この点から、学生は毎年新たな経験を獲得しており、その過程で高等教育のサービスに対して要求を増していく、貴重な利用者（consumers）となっている。

　カウンセリング支援サービス、就職支援、不服申し立て制度に関連して、第1学年生と第4学年生との平均値において大きな違いがある。これらの結果は、第4学年生が、この3つの要因により関連していることを示している。

（2）学問分野による違い

　分析結果によると、図書館と情報処理施設の要因を除き、他のすべてのサービスの質の要因に対する学生の見方において、第1学年生と第4学年生とは、非常に異なっていることが分かる。看護学部の学生は、人文科学部の学生に比べ、大学が提供するサービスにより満足している。この結果は、学問領域が、大学サービスの質に対する学生の態度に、どのように影響するかという他の研究結果とも一致する（Rautopuro and Vaisanen, 2000）。教授集団とプログラムの質の要因において、この2つのグループの平均値は、大きく異なることは興味深い。これらの結果は、人文科学部の学生が、教授集団とプログラムの質に関して期待したほどには満足していないことを示す。この場合、人文科学部は、優先的にプログラムの質の改善と教授集団の態度の改善を行うべきである。

（3）大学の所在による違い

　タイの調査結果は、省の都市（provincial）にある大学におけるサービスの質に対する学生の見方と、地方（local）にある大学におけるサービスの質に対する学生の見方との間には、有意差が認められないことを示している。しかしながら、施設、図書館と情報処理施設、カウンセリング支援サービス、就職

支援、プログラムの質、不服申し立て制度の諸要因について、省の都市と地方の学生の見方と、バンコクの学生の見方の間には、有意差が認められる。バンコクの学生は、省の都市や地方の学生に比べ、これらの要因に対して非常に肯定的な見方をする傾向がある。特に、就職支援に関連して、バンコク、省の都市、地方の3地域の間の平均値には有意差が認められる。その理由の一つは、バンコクのような主要都市に比べ、地方都市と地方では就職の機会が少ないことが挙げられる。だとすると、主要都市から遠く離れた場所で勉学をする学生にとって、就職支援サービスは、より重要であると言える。省の地方都市や地方にある大学行政担当者は、特に就職支援を重視して、諸サービスを改善する必要がある。

　結論として、学年、学問分野、大学の所在地のような学生個々の特性が、大学のサービスの質に対する学生の見方に影響することは、調査結果から明らかである。調査結果は、学生の特性によって、彼らの特定のニーズを確認する重要性を指摘している。確かに、多様な学生諸集団によって認知される質（the quality of perceptions）は、様々な学生グループのニーズや期待を満たす戦略の組み立ての一助となるかもしれない。さらに、彼らによって認知される質は、どこに優先順位を置くべきであるかという点についても、大学行政担当者に示唆を与えるだろう。

5. 学生個々の特性と総合的満足度との関係

　この研究は、サービスの質に対する学生の見方の「媒介としての役割」（the mediating role）の興味ある結果を示している。この結果は、大学に対する学生の総合的満足のレベルは、直接的にも間接的にも、3つの側面（アカデミック、アカデミック以外、施設）のサービスの質に対する学生の見方によって影響される点を指摘している。特に、学生個々の特性が、3つの側面のサービスの質に対する彼らの見方を通して、彼らの大学に対する総合的満足のレベルに間接的に影響する点は興味深い。学生個々の特性（学年、学問分野、大学の所在地）が、サービスの質に対する学生の見方を媒体にして、彼らの総合的満足

に間接的に影響し、そして、その上に、この3つの個人特性が、彼らの総合的満足に直接的に影響する。これは、様々な個人特性のグループの中には、総合的満足度の低い学生も存在したが、彼らが、彼らの受けた教育サービスをより肯定的に捉えたため、総合的満足度を全体的に押し上げたことを意味している。

これらの結果は、サービスの質に対する学生の認知（perceptions）の結果が、様々な学生グループの満足度の改善を可能にすることを説明している。この結果はまた、サービスの質に対する「学生の見方」（students' perceptions）を高めることが非常に重要である点を指摘している。つまり、これが、大学に対する総合的満足を高めるのである。

以上の点から、大学行政担当者たちが率先して質を改善することは、単に満足度の改善に焦点を合わせるだけでなく、3つすべての側面を考慮し、全体のサービスの質に対する学生の見方を改善することをターゲットにすべきである。また、大学行政担当者たちは、改善の優先順位を決定するにあたり、学問領域、大学の所在地、学年による学生の見方の変化を把握する必要がある。総合的満足を得る学生を増やしたいと望む高等教育機関は、改善努力をアカデミックな問題や授業評価にのみ限定するのではなく、大学環境におけるアカデミック以外の側面や施設の側面にも考慮し改善努力をすべきである。高等教育の激しい競争の時代にあって、顧客を満足させることだけでは、十分でないかもしれない。適切な質の革新は、唯一顧客の喜び（delight）によって獲得でき、彼らの喜びは、サービス全体の質に対する利用者の見方に非常に大きく影響する。

おわりに

21世紀に、高等教育機関が学生サービスの改善を望むなら、質の保証の測定を採用することは、もはや選択の余地のないものである。特に高等教育の私立の教育機関について、質の保証は組織の生き残りにとってきわめて重要である。公的補助金の削減やさらに激しい競争の時代にサービスのコストは上昇し

ている。コスト上昇は、私立大学に高い質の教育やサービスを利用者に保証することで、競争力をつける努力を強いている。このような環境では、高等教育のすべての側面における経験から来る学生たちの意見は、すでに組み込まれている説明責任のメカニズム（accountability mechanisms）と共に、質保証の中核をなす基準の一つである。上述した諸研究に加え、タイの研究結果は、学生のサービスの質に対する見方の考察によって、高等教育の質の保証の中核となる諸基準を確認する助けとなった。この研究は、学生の意見をもとに高等教育のサービスの質に影響したと見られる諸要因に焦点を合わせている。言い換えれば、この研究は、学生の個々の特性、学生の見方、彼らの総合的満足との関係を理解する機会を提供した。大学が、教授集団の質や能力、アカデミック・プログラム、既成のサービスと施設を改善するために、自由にこの情報を活用することを切望している。

[訳者注]
1) 「perception」と一部意味の重複する心理学用語として「cognition」（認知）がある。ブリタニカ国際百科事典によれば、「perception」は、「知覚」と訳され、「感覚器と神経系の刺激の受容・伝達活動とそれによって解発される人間の動作または言語的反応との間に介在する意識経験で、過去経験や学習の結果を反映する一連の過程を媒介として成立するもの」であるとする。一方「cognition」は、「認知」と訳され、「知覚、感覚と対比させた形で用いられる場合には、外界の対象、事象を、それからくる感覚刺激のみならず、過去の経験ないし学習によってたくわえられた機会、図式、象徴機能などと関連づけて受け取り、それら対象、事象の意味的側面を捉え、かつ当該生体に対して適切な行動を解発させるための準備状態を作り上げる、より高次の過程をさす」が、「厳密には、知覚と区別するのはむずかしい」。この章の文脈からすると認知の概念で捉えてもよいとも考えられるが、「perception」を「the way one thinks or understands」という限定した意味合いで捉え、学生のサービスに対する「見方」とした。
2) AMOSは、共分散構造分析ソフトウェアのことである。
3) 「perceived」は「perception」の動詞「perceive」の過去分詞で、「quality」を修飾しており、この場合、認知されたと日本語訳した。「認知」を使用した理由については注1を参照。
4) 友田多香子は、『オーストラリア・ニュージーランドの教育』（石附実・笹森健編、東信堂、2001年）の「第14章：変化のなかにある大学教育の現状」の中で教授集団について次のように記述している。「学科を構成するアカデミックスタッフと呼ばれる教師の職名に、日豪の

違いがあるので、モナシュ大学の日本研究科を例に述べたい。教師数は常勤15人でヘッドと呼ばれる学科長が1人いて、プロフェッサーの称号を持つ。他、アソシエート・プロフェッサーが1人、シニア・レクチャラー2人、レクチャラー8人、アシスタント・レクチャラー3人という態勢だが、この他に非常勤のチューターと呼ばれる教師が10人近くいる。学科の規模によって多少の差はあるが、この構成はオーストラリアの大学において一般的である」（pp.201-202）。

第9章

優れた博士論文作成に向けた指導

はじめに

　本章[1]では、博士号を首尾よく完成させる方向へ、学生をどのように指導していくかという点について論じる。研究分野の選択、調査・研究のためのトピック、課題のために十分な時間を捧げることができる能力、学生を指導することのできる有能な指導教官の選択に、十分な配慮がなされるべきである。もし、上述した点が十分でないなら、博士論文作成に必要な条件が整うまで待つほうが賢明である。さらに、本章では適切なトピックの選定、有能な指導教官を探すこと、博士課程の学生［本章では「博士候補生」という用語で統一：訳者注］と指導教官との最初の面談で取り扱うべき事項、ロードマップとして使用できる適切な論文構成の準備、博士候補生による適切な研究計画（research proposal）の準備、先行研究の包括的な精査（review）の重要性、人権や倫理に関する承認手続き、データ収集、各章の草案、博士論文の完成、審査委員の任命、口頭試問までの一連の重要事項について、質の高い博士論文を完成させるという観点から論じていきたい。

1. トピックの選択

　論文のための適切なトピックの選定は、あらゆる点でとりわけ非常に難しい問題である。この目的のために、当該学問領域の徹底的な知識が不可欠である。それゆえ、博士論文のためのプロジェクトに着手する前に、博士候補生には、特別学位（Special Degree）か最優等ないし優等の栄誉（honors）を得た学士号の学位（Honors Degree）と論文、または、関連した研究領域での修士論文による修士号、あるいは、十分な研究経験が要求される。もし、研究領域の必要とされる確かな知識と理解を有しているなら、博士候補生は、研究に必要とされる問題領域を認識でき、その領域での学究的間隙（gap）も容易に見いだすことができるだろう。博士候補生にとって問題（problems）を発掘する能力を有することは重要である。なぜなら、すべての博士論文は、ある特定の問題（a particular problem）の解決に光を注ぎ、その解決に着手することが期待されているからである。事実、論文を作成するとき、審査委員たちがまず念頭に置くのは、当該博士論文が、この研究分野における知識の進歩に重要な貢献を成し得るか、ということである。換言するなら、調査・研究されるべき問題（a problem）は認識されているとしても、果たして、当該論文はその問題を解決することに成功し得るか、ということになろう。

1）調査のための「問題」の見きわめ

　他の博士候補生によって最近すでに研究されている問題（problem）を選択しないようにすることがまず重要である。このために、オーストラリアや英国の論文索引（Indexes）やアメリカのERICリソース索引を検索することを勧めたい。このような調べを行うことで、博士候補生は、すでに研究された研究の問題と同一の問題を選択しないですむ。一方、過去に研究されたトピックを学ぶことは、博士候補生にとって、適切なトピックを決めるにあたり、自分自身のアイディアを練るのに役立つだろう。

2）有能な指導教官の存在

　専門化が進んでいることから、提案したトピックに興味を持ち、その分野の専門的知識がある学識豊かな教授（senior academics）が、その大学にいる

かどうか探ることが重要である。そのようなトピックで指導を引き受けてくれるかどうか、それを探るために、将来指導教官になってくれると思われる教授と会い、トピックについて議論してみることも、博士候補生にとって有益である。また、一緒に研究する知的啓発者として将来指導教官になってくれると思われる教授と博士候補生が、真摯に心から研究上の関係を深めることができるかどうか、よく考えることも大切である。研究のために高学位を求める学生の指導に、有能な指導教官のグループを組織することは、大学の責務である。また、教授陣にとって、共に研究するプロセスで学生が欲求不満に陥らないように、教授陣の専門的知識外の分野で学生を引き受けないようにすることも重要である。加えて、双方（博士候補生と指導教官）が、より良い研究ができるように良好な人間関係を築くべきである。

3） 研究者にとって本当に興味の湧くトピックか

博士候補生にとって、少なくとも4〜5年の間、興味を持続できるトピックを選択することは大変重要である。博士候補生は、興味を刺激すると思われるトピックを十分に検討して選択することが重要である。この目的のために、候補生は過去の経験や現在の経験を振り返り未来を予測し、そのような専門的知識の獲得が自身のキャリアにどのように役立つかという観点からキャリアを展望し、それを伸ばして行けそうなトピックを選択すべきである。もし選択したトピックが、自身のキャリアを切り開き個人の目標を設定できるトピックであるなら、そのようなトピックは、候補生の興味を維持・継続するのに役立つだろう。

4） 適切な研究のサンプルがあるか

特に、社会科学や行動科学において、研究のために被験者集団が喜んで協力してくれるかどうかは、研究プロジェクトを成功に導くために最も重要な判断基準である。それゆえ、適切な研究サンプルの選択を熟慮することが重要である。また、すでに被験者集団の指導的地位にいることから起きる既得権を避けることも肝要である。たとえば、著者は、ある地方学区の学校運営に責任を負う教育部ディレクターである博士候補生を指導していた。先入観や利害関係を取り除くために、彼の学区での研究調査は回避させ、近隣の学区で行うよう求めた。彼にはまた、調査対象者に送る調査への参加を促す手紙（the information letter) の文面においても、ディレクターという公的な地位を名乗ることは避け、博士候補生であることを強調するよう求めた。このように事前の段階で注意を払い、調査対象者から偏りのない率直な見解や意見を得るための工夫も必要である。

5） 図書館の施設は十分か

適切な図書館の施設は、先行研究や分析的研究の包括的精査（review）を行う上で重要である。それゆえ、関連分野で適切な文献・資料を有する図書館、それも2つ以上そのような図書館の使用が可能であることは重要な要素として考慮する必要がある。また、可能な限り、第2次資料よりも第1次資料を得ることも大切である。資料を探している研究者にとって、彼らを補佐でき親切で十分な資格を有した図書館職員の存在は、研究計画の遂行の遅延を回避でき、励みとなる。

6） 適切な方法論を採用したか

研究のために選択した研究方法や方法論が、選定した問題の調査に妥当であるか考察することは重要である。定量的（quantitative）、定性的（qualitative）な研究方法の両面を組み合わせることは、より正確なデータの収集にとって、より良い選択である。たとえば、実態調査（empirical surveys）の後、データの確認（clarification）やさらなる情報の捕捉のために、調査参加者の中のいく人かに一連の面接を行う。さらに、実態調査や面接を通して収集したデータを再確認するために、公的な資料の分析に着手するなどがそれである。「適切な方法論を採用したか」という質問は、博士候補生が使用する研究手段は、研究を開始する前に決定しておくべきことを暗に意味するものである。

7） 設定した問題は、非常に重要な問題か

博士候補生は、特定した問題に取り組むための時間、努力、費用が適当かどうか、そして、論文の完成によって、選択した研究領域の、現存する知識の蓄積に重要な貢献ができるかどうか、自身で判断しなければならない。また、その博士論文は、博士候補生自身のキャリア・アップ、教育制度上の諸機関や専門家たちにどのような利益をもたらすことができるかという観点から、選択した問題について熟考することも大切である。もし、そのような教育制度上の目

標と個人の目標を併せ持つことができれば、博士論文の完成まで、そしてその完成のさらに先まで、この研究プロジェクトへの興味を容易に維持することができる。ほとんどの研究者は、彼らが博士号取得のために研究した研究領域の専門家になり、その同じ領域でプロジェクトを企画・実行し、研究ジャーナルや共著、単著を執筆し出版している。

2. 関連研究分野の文献精査

　トピックが決定したなら、研究手段（a research instrument）またはアンケート作成に必要な項目（items）を見きわめるために、包括的な先行研究の精査が行われるべきである。そして、執筆の最終段階で先行研究の精査のプロセスと結果は、単独の章として博士論文に含まれる。一般には、論文の「はじめに」、あるいは「導入」ないし「概要」に続く第2章として含まれる。そこでは、探求される問題が、先行研究とどのように関連しているかを示すことが必要である。場合によっては、基本的な理論的諸概念も再検討する必要がある。扱うトピックに関連した情報の第1次ソース（source）、第2次ソース、第3次ソースの入手源を調べる必要がある。

　先行研究の精査は、博士候補生でいる期間を通して［博士論文提出まで：訳者注］継続しなければならない課題である。それは、適切なトピックを探し求めるところから始まる。博士論文は現存する知識の蓄積に重要な貢献をすることを主目的としているので、提案した研究と同一の研究が過去になされていないということを確認しながら、トピックの注意深い探求に着手しなければならない。問題に新しい光を当てるために新しい情報の入手源が発見されない限り、完全に新しいオリジナルな問題は稀であるが、しかし、以前になされた研究が再現されるべきではない。問題設定が適切か否かを探るには、その問題がまだ調査と解答を求めているかどうかを自問することである。

1）第1次ソース
　第1次情報の入手源には、実験や調査による直接の報告書、専門雑誌と研究雑誌、特定の問題や研究を発表した論文（monographs）、博士論文、学位論

文、面接結果、質問に対する回答、手紙、日記、目撃者の証言、詩、自叙伝、国会議事録のような記録、裁判証言、調査・検討委員会の報告書、政府省庁や政府機関の年次報告書、委員会議事録などがある。

2) 第2次ソース

第2次情報の入手源には、第1次ソースから集められた情報を要約したものである。この中には、翻訳、研究を精査した要約（たとえば、専門事典に載る小論文）、概要（abstracts）、指導・手引書、事実にもとづく情報を含んだ出版物、評論などがある。

3) 第3次ソース

教科書（textbook）は、おもに情報を第2次ソースから収集していることから、第3次情報の入手源の典型的な例である。入手源の信頼性は、一般には情報がどれだけの人の手を経て来たかという事実による。第3次ソースは、その分野の概要や大まかな要約を提供してくれる点で有用である。第3次ソースも、文献として適切である場合がある。たとえば、ある教科書がその分野の権威として認められている場合である。そのほかにも、ある種の研究で、オリジナルの資料が失われ入手が困難で、そのため第2次ソースにかなり依存しなければならない場合がある。しかし、もし入手可能なら、第1次ソースによる調査に匹敵するものは他にないことを強調しておきたい。ほとんどの研究領域での研究活動は第1次ソースを要求している。

3. 博士候補生の割り当てと指導教官

通例、博士候補生は、研究する上で興味あるトピックを大学に提案するところから始まる。いったんそのような提案が大学側になされると、大学に設置されている研究高学位授与部局（Research High Degree ［RHD］ division）の管轄に移り、関連ファカルティー[2]（Dean of the Faculty）の長か、もしくは、この研究目的のためにこのファカルティーの長から任命された学識豊かな教授（a senior academic）に申請書が送られる。それから、博士候補生の研究トピックに強い関心を持っている指導教官を探し、候補生の提出した申

請書の内容をもとに、指導が可能かどうか当該教授に打診することになる。相談は、博士候補生の責任で行う。もし、その教授がこの候補生を受け入れる用意があるなら、学部、もしくは、博士候補生がRHD部局にこの教授を指導教官として推薦する。もし2人の指導教官が必要な場合は、1人を第一指導教官(the principal supervisor)、もう1人を副指導教官として任命することが重要であろう。そのとき、第一指導教官は、この候補生の博士論文指導プログラムのコーディネータとなり、ミーティングの開催、発表、経過報告に対して直接責任を負う。

4. 学生との最初の面談と指導

指導教官、ないし第一指導教官が任命されると、ミーティングを持ち研究プロジェクトの手続きやプロセスについて博士候補生と話し合う。その際、指導教官は、候補生が博士号取得に関連する規則や規定を熟知するように指導する。もし副指導教官がいる場合は、副指導教官にもミーティングへの出席を依頼すべきである。ミーティングでは、候補生の学問的予備知識や興味を指導教官が熟知することが重要であり、関連事項や、どのように研究を始めるかなど概要を伝えることも重要である。また、候補生の提案したトピックが、博士論文のトピックとして適切かどうか確認することも重要である。これは、同じようなトピックが最近すでに研究されているかどうか確認するために、少なくとも過去10年間の文献について関連するインデックス(Indexes)を調べるよう候補生に要求することで達成される。この目的のために、候補生には2～3週間の時間が必要であり、指導教官は、その間に提案されたトピックの適切性を判断し、第2回目のミーティングを設定する。

5. 研究計画に対する初期の指導

　指導教官は、博士論文プロジェクトのために博士候補生が選択した研究領域に関する先行研究文献の精査に着手する方法を博士候補生に指導する必要がある。候補生として、少なくとも過去10〜15年間になされた研究について十分情報を有していること、プロジェクトに必要な十分な基礎知識を持っていることは重要である。さらに、オーストラリアと英国の論文インデックス（Australian and British Theses Indexes）やアメリカのエリック・リソース・インデックス（Eric Resources Index）をすでに調べたかどうか、関連研究領域内で最近非常に類似した研究がなされているかどうかについて、候補生の注意を喚起する指導が必要である。先行研究の精査で、質の高い論文や研究報告の所在を確認し、そのいくつかを通して、他の研究者たちのアプローチの方法、調査結果を導くために必要な研究手段（research instruments）の使用方法、データ収集の方法、データ分析や整理の仕方、どのように結論へ到達するかなどを学ぶことができる。さらに、先行研究の精査によって、同じトピックで研究に着手してしまう危険性を回避することができ、博士候補生として、現存する関連研究領域の知識の蓄積に貢献できるような、オリジナルな研究に着手することができる。

6. 研究計画作成の策定と論文構成に向けた準備

　もし指導教官に、学生の提案した論文に対して適切な構成を促しうる準備があれば、関連性のきわめて低い文献を読むような無駄を省き、貴重な時間を有効利用でき、結果的に論文完成の遅延を最小限にすることができる。その際、下記の項目は、博士候補生が研究プロジェクトや博士論文をどのように進めればよいか予測するためのロードマップや、博士論文を構成する際に活用することができる。
　① 選択した研究分野における最近の研究成果の概略

②　選択した研究分野に関連した世界的動向。特に、研究対象とする制度・組織に重要な影響を与えてきた諸制度・組織に関連した事項
③　対象国と特定の制度的発達と現在の争点（issues）
④　研究領域の「問題」(the research problem) の見きわめ
⑤　研究の目的と具体的な目標
⑥　鍵となる研究上の問い（key research questions）の設定ないし仮説
⑦　リサーチ・デザイン、方法論、サンプル（標本）
⑧　研究を導く理論的枠組み（theoretical framework）
⑨　研究の重要性
⑩　研究の限界
⑪　鍵となる用語の定義
⑫　後に続く章の概要

さらに、博士候補生の論文提案書に用意された小見出し（subheadings）について簡潔に指導することも重要である。

1）選択された研究分野の最近の研究結果の概観

このセクションでは、博士候補生は、この研究領域に精通していない者でもプロジェクト全体が容易に理解できるようにトピックに焦点を当て、プロジェクトの概要を提示すべきである。また、選択した研究領域における知識や理解の発展に対する、このトピックによる研究結果の普及と有用性を強調することは重要である。つまり、候補生は、この研究の重要性を審査官に印象づけるように、プロジェクトを要約すべきである。

2）世界的動向は当該研究に影響を与える制度や組織を中心に論述

この部分では、博士候補生は3〜4ページを使って、選択したトピックの研究領域について先行研究の精査を行い、この領域の研究の進展をグローバルな規模で論述するか、巨視的に全体像を提示する必要がある。最近なされた重要な研究結果のすべてを、研究対象としている制度・システムに大きい影響を与えた制度・システムを中心に、論じるべきである。たとえば、候補生が、学校に基礎を置く経営（SBM: School Based Management）をトピックの研究領域に選び、日本のSBMの発達ないし実施についての研究に着手するとしよう。候補生は、日本の学校にSBMを導入するときに影響したSBMの制度や

モデル、また、SBM の実施に成功している他の制度・システムについて考察する必要がある。このような点に焦点を合わせることで、審査官や読者は、この研究プロジェクトは重要であり研究結果も価値あるものであると判断できる。

3）国や組織内の特定の発達や現在の争点

プロジェクトの全体像を巨視的に俯瞰した上で、博士候補生は、特定した国の研究対象の発達について記述することになるが、その際、学校経営の歴史に簡潔に触れる必要がある。学校が直面している問題や争点（issues）、すでになされた研究、研究結果は、1～2ページを使いきちんと論じられるべきである。この節の結びで、博士候補生は、学校に基礎を置く経営の導入後の現状と、この経営を効率よく効果的に行うために、慎重な考察を必要とする問題に焦点を置く必要がある。

4）研究の「問題」の見きわめ

ここでは、博士候補生は、現状やその制度・システムが直面している問題に視点をおいて、この領域で広範な調査（extensive research）を試みること、そしてトピックを見きわめることが重要であるという点を候補生に強調する必要がある。

5）研究の目的と詳細な目標

この部分では、博士候補生は、全般的な目的（purpose）、主目的、ないし提案した研究プロジェクトの目的（aim）を設定し、続いて、主目的ないし研究プロジェクトの目的を達成するために、特定された諸目標（objectives）を設定する必要がある。

6）鍵となる研究上の問いの設定ないし仮説

この部分では、博士候補生は、立証と反証のための仮説を展開するか、前のセクションで設定したような特定の目標（objectives）に対して調査し答えを導くために「鍵となる研究上の問い」（key research questions）を設定するのか、どちらが好ましいか決定しなければならない。各研究目標（objectives）に整合する「鍵となる研究上の問い」を設定するほうが、より便利である。もちろん、アンケートや研究手段（the research instrument）を開発している段階で、調査する争点をよりはっきりと映し出すために、そ

れぞれの「鍵となる研究上の問い」に関わるより多くの派生的な問いが生まれてくるだろう。

7）リサーチ・デザイン、方法論、サンプル

　研究のためのデザインを選択することは、基本的に探求のために設定した特定の問題を解くために最適な方法や手法を選ぶことを意味する。これは、論文にとって決定的な段階である。なぜなら、もし間違った選択をしてしまうと、不適当なデザインのため研究全体が疑わしいものになるか、非科学的、もしくは論理的に合致しないことから疑わしいものになる。多くの場合、定量的手法と定性的手法の両方の特徴を統合した混合アプローチ（mixed method approach）が、より良い結果を導くことができるようである。ここでは、実態調査の後、調査対象者のそれぞれのカテゴリーから限られた数名を対象に面接調査を行い、同時に、関連する公的記録や文献・資料を吟味する。これは、実態調査によって明らかにされたことと、面接法で得られたデータが本当に正確であるかを確定するために行う。

　ここで博士候補生はまた、小学校と高等学校のような2つのカテゴリーを対象にしているのか、それとも1つのカテゴリーのみなのかというような、提案した研究サンプルについて注意深く考察する必要がある。代表的なサンプルを設定する場合、学校の設置されている地理的条件が、異なる結果を出す重要な要因であることから、調査者は、大都市、都市部（urban areas）または郊外地域（suburbs）、農村部（rural areas）などの地域から、調査対象となる学校を選択する必要がある。

　調査研究では、探求のために使用される研究手段（research instruments）の信頼性（reliability）と妥当性（validity）を確認する必要がある。研究手段やデザインされた調査票が一貫して測定できるかどうか、質問や質問の項目（items）が求められている答えを実際に測定できるかどうか検討することが必要である。調査票の作成に続いて、その適合性を検討するために研究手段を使用しフィードバックを得て、のちに要因分析（factor analysis）、妥当性と信頼性テストによって支持されるさらなる精査を行うためのパイロット調査を試みることになる。多くの場合、専門家や実践家に相談することが必要である。

8) 研究を導く理論的枠組み

すでに行った先行研究の精査と候補者自身の知識をもとに、候補者はこの時点で、理論的枠組み（the theoretical framework）を認識できるはずである。この理論的枠組みは、データ収集とデータ分析に道筋をつけるものである。ここで指摘しておきたい点は、理論的枠組みは実践に現れる特定の事象を観察し確認することによって形成されるものであり、研究を正しい方向に導く案内人の役目を果たすものである。

9) 研究の重要性

この部分では、博士候補生は、研究プロジェクトの意義を強調し、現存する知識と理解にどのような際立った貢献ができるか述べる必要がある。

10) この研究の限界

この部分では、利用できるリソース、時間、サンプルの大きさ、回収率などについて博士候補者が直面した制約、つまり研究結果の一般化を拘束する制約がどのようなものか審査官や他の読者に示す必要がある。

11) 鍵となる用語の定義

ここでは、研究内容の文脈の中で、それぞれの「鍵となる用語」が意味する概念を準備する。辞書や研究者から異なる多くの定義を提示することは避けるべきである。必要なことは、博士候補者の研究との関連で、最適な定義を決めることである。

12) 研究計画書と論文の章立て

それぞれの章の要点を短くまとめて記述することは、大ざっぱな計画案を作成する上で役に立つ最初のステップである。ほとんどの論文の諸章は、一般的に標準的な体裁をとる。ほとんどの論文は、序論（an introductory chapter）のところで、その論文の概要を提示する。序論には、おおむね上述した構成の範囲内で、博士プログラムによってすでに受諾された研究計画をさらに精錬し拡大したものが使われる。第2章では、先行研究を包括的に精査する。審査の際、審査官は先行研究との間隙（gaps）を見きわめようとするので、ここでは、候補者は、関連分野でなされた重要な研究すべてに最大限言及する必要がある。次に続く数章は、研究のタイプによってその取り扱いが異なる。実態調査研究では、しばしば1章ないしそれ以上が、研究上の問い、仮説、サンプ

ル・テスト、研究デザインのような、手続き方法や手法の説明に費やされ、1章ないしそれ以上がデータ分析、調査結果の議論に費やされる。最終章は、主要な勧告（recommendations）や今後の研究の方向性を記述する。

7. 参考文献表・引用のスタイル

　論文を執筆する場合、それぞれの学問分野で適切とされる参考文献の記載と引用方法を選択することが、非常に重要である。また、参考文献の記述を正確に行い、一貫性を持たせることも非常に重要である。リーダーシップ、教育経営、教育行政の研究の場合、ハーバード方式、APA方式のどちらかを使用するのがよいだろう。

　したがって、出所を明示すべき時はいつでも、著者名、出版年、そして初めと終わりのページを丸カッコ内に記載しなければならない。句読点は、丸カッコのあとにおく。また、ほかの出版物からの引用の場合、ページ数を明記することが不可欠である。詳細については、その手の権威によって出版されているガイドラインを熟知することが求められる。ハーバード大学レヴュー（Harvard University Review）や教育経営クウォータリー（Educational Administration Quarterly）では、掲載論文に採用される場合、参考文献引用スタイルをハーバード方式に一致するよう求めている。アメリカ心理学会のJournal of Experimental Psychology: Learning, Memory, and Cognitionの掲載論文は、APA方式に一致させるよう求められる。論文中提示したすべての引用の出所、そして博士候補生が参照した他の出版物の文献リストは、アルファベット順に論文末尾に掲載しなければならない。

8. 人間研究倫理委員会への承認請求

　協力者として人間が関わるような研究は、人間研究倫理委員会（Human Research Ethics Committee）からの承認を必要とする。この承認のために、大学は独自の仕組み、手続き方法、プロセスを設置している。博士論文のプロジェクトの最終草案が準備できた段階で、博士候補生は、大学が提示する手続きに従って、関連書類を添え申込書を提出しなければならない。添付資料には、一般的に、候補生が誰で、何のために協力を求めるのか、収集データは使用目的を簡潔に要約した協力者向けの手紙を含む。この手紙では、協力者に研究で提起されている争点（issues）が理解しやすいように、研究プロジェクトについて分かりやすい言葉で簡潔に説明し、常にどの出版物においても協力者の秘密を厳守し匿名を保証すること、そして研究者とその指導教官以外の者は、収集されたデータを使用できないことについて説明すべきである。この手紙には、協力者が調査の影響について質問や苦情がある場合、最初に候補者に問い合わせる旨を記し、より公平な判断が要求される場合は、大学の人間研究倫理部にコンタクトできるように、電話番号、ファックス番号、メール・アドレスを記載する。この手紙と一緒に、切手を貼り返信先住所を記載した返信用封筒と、協力者の回答を期待している調査用アンケートを同封する。

9. 論文中の各章の草稿

　指導教官は、論文が完成するぎりぎりまで待つのではなく、研究計画（research proposal）が大学によって承認されると同時に、博士論文の各章の草案の準備について候補生を指導すべきである。質の高い論文を完成させるためには、月例や隔週のミーティングの数日前には、各章の草案を提出することが大切で、そうすることで、規則的に、しかも段階を踏んだ進歩を適切に促すことができる。

　承認された研究計画は、時制を変えて第1章の草案として組み替えることが

できる（企画段階では未来形の書式を採ったものを、第1章の草案では過去形にする）。通常、第2章になる先行研究の精査の箇所は、継続プロセスなので、審査のために論文を提出する数週間前まで、最新の先行研究を精査する必要がある。しかしながら、指導教官は、随時書き上げた箇所を読み、第2章の内容を精査し改善するためにフィードバックする。第2章の完成を待って指導すべきではない。第3章の最初の草案は、データ収集を行う前に準備させるほうがよい。なぜなら、この章自体が研究デザインとデータ収集について博士候補者を導くことができるからである。

　第3章以下の章は、データが収集され、分析され、そして妥当性が確認されたのちに執筆される。また他方では、各章の草案について指導教官に意見を求める前に、可能であれば批評者として同僚や友人に読んでもらうことで、厳密な洗練の過程を経ることはきわめて重要なことなので、ここに指摘しておきたい。もちろん、指導教官は、候補者にすべての章を含む完成版の提出を求める前に、各章が精練され要求される基準に達するよう、各章のために作成された多くの草案を読む必要がある。また、論文全体の最終草案は、表題を記したページ、目次、謝辞（acknowledgement）、そして、当該論文が候補者自身の研究であり、他の高等教育機関に提出されていないことを示す宣言書を含むべきである。また、頭字語（acronyms）のリスト、文献一覧、論文内に添付された付録（appendixes）も最終草案に含まれるべきである。

10. 論文審査官の任命

　通常、大学の博士号委員会（the Doctoral Committee）を念頭に、可能な審査官を推薦することは、指導教官の責任である。審査官を任命する場合、指導教官はその特定の学問分野で権威と考えられる研究者を候補に考えなければならない。おそらく、審査官に想定される候補者と考えられる者の研究は、先行研究の精査の章（第2章）でとりあげられるだろう。オーストラリアでは、論文が提出される大学の外から3名の外部審査官が必要とされる。その中の1人は、海外の大学の学識豊かな教授（a senior academic）でなければならな

い。しかしながら、推薦された3名の審査官のうちの1人が多忙な場合もあるので、予備の審査官を1名加え、審査官4名のリストを提出しなければならない。指導教官は、博士号委員会を念頭に入れ、審査官一人ひとりの任命理由を記した文書を、そのリストに添える必要がある。

11. 審査のための論文提出

　指導教官は、完成した博士論文の草稿を読み、もし論文の質が満足いくものであるなら、指導教官が示唆した点や修正箇所を踏まえ、論文の提出を準備する許可を博士候補生に与えるべきである。しかし、候補生が指導教官の示唆や修正に同意しない場合、候補生自身の意見を指導教官に述べ、合意に達するように努めることは、非常に重要な点であるので指摘しておきたい。指導教官は、指導し示唆を与えるためにそこにおり、博士候補生は、自身の博士論文のための研究プロジェクトの専門家（the expert）になるという点を記憶に留めておくことが重要である。博士候補生は、大学の研究高学位部局（Research Higher Degree: RHD）の規定に従い、論文を作成しなければならない。論文の提出準備ができた段階で、指導教官は、論文がRHDの規定を満足させているか論文全体を精査し、審査官に送付するために、審査に必要な指示と論文をRHDに提出する必要がある。博士号の容認可能な基準を論文が確保することは、指導教官の責任である。審査で提出された論文が拒否されることは、有能な指導教官としての評判に影響を与えることになろう。

12. 口頭試問[3]

　大学によって、特に北米の大学、ヨーロッパやアジアの大学では、論文審査のために専門家で構成されたパネルによる口頭試問審査を要求する。これは、審査官による査読にもとづいた報告書がすでに提出され、これを利用できる場合にのみ行われる。通常、論文を審査した審査官は、他の審査官と共に論文か

ら導き出した争点や主張を明らかにするために、パネルに参加する。もし博士候補生がこの口頭試問審査に成功すれば、パネルは、大学の関連部局による承認の下、博士候補生に博士号の授与を大学に推薦する。通常この手続きは儀礼的なものである。

13. 審査結果の公表

博士号委員会（the Doctoral Degree Committee）が審査結果を承認すると、審査結果が大学によって公表される前に、博士号授与の推薦状が、承認を得るために、大学教授会（the Academic Senate）と大学審議会（the Council of the University）[4]に提出される。

おわりに

博士論文を首尾よく完成に導くことは、非常に難しい課題である。それは、良い計画、献身、専念、長期間にわたる勤勉さを要求する。博士候補生の置かれている環境によっても異なるが、たとえば、フル・タイムの候補生で3～5年、パートタイムであれば、6～10年という長い期間を要する。博士論文完成へ向けて、やる気を刺激し継続するための「鍵となる基準」の一つは、博士候補生本人が長期間興味を持続できるトピックを選択することである。やる気を持続するためには、博士候補生の個人的目標と帰属する職場の組織の目標の両方をかみ合わせることが重要である。個人的目標とは、将来のキャリアでの成功や博士号を獲得するという野心などである。しかしながら、適切な計画、計画に沿った献身的な研究活動は、博士号獲得が候補者の手の届く範囲を超えたものでないことを証明するだろう。有能な指導教官を持つことは、博士論文完成にかかる時間を短縮し、質の高い論文を生み出すには助けとなる。この点から、指導教官と博士候補生の間の良好な関係を作り上げることは、非常に重要である。指導のできる限り早い段階で、論文全体に焦点を合わせることがで

き、または論文全体が概観できる道路マップ、ないし反射鏡として使用できる適切な指導や良い論文構造を提供することは、博士候補生を適切な方向へ導くための重要なステップとなる。また、博士号取得を熱望する者にとって、自己を信じる（self-confidence）という意味での自信を持って、博士号取得に取り組むことも重要である。

［訳者注］
1) この章は、20年間に渡りニューキャッソル大学で12名の博士候補者、5名の修士課程大学院生を指導し、海外の多くの大学で博士課程コースを提供し講義を行なっているガマゲー自身の経験をもとにしている。
2) ニューカッソル大学では、ファカルティーは、従来型の小規模ファカルティーを統合したメガ・ファカルティーに再編成されている。詳しくは、第4章第7節を参照。
3) ガマゲーによれば、オーストラリアの大学では、口述試問は要求されない。
4) 最高意思決定機関としての大学審議会（council）の下にアカデミック・ボード（academic board）あるいは大学教授会（senate）が置かれている。杉本和弘著「オーストラリア高等教育におけるラーニングアウトカム重視の質保証」［公開シンポジウム］『比較教育学研究』（2009）38巻 p.140。大学審議会、大学教授会の訳語は翻訳者による。

参考文献

第1章 知的交流と伝達に支えられた古代の高等教育

Bechert, H. (1978). The beginnings of Buddhist historiography in Mahavamsa and political Thinking. In B. L. Smith, (Ed.), *Religion and legitimation of power in Sri Lanka*. Chambersburg: Anima Books.

Chaube, S. P. (1965). *A history of education in India*. Oxford: Clarendon Press.

Childe, G. V. (1943). The unity of archaeology. Conference on the Future of Archaeology, University of London Insitute of Archaeology Occasional Paper. 5, 20-25.

Dengerkery, S. R. (1967). *University education in India*. Bombay: Manaktalas.

Devahuti, D. (1970). *Harsh: A political study*. Oxford: Clarendon Press.

Eby, F., & Arrowood, C. P. (1940). *The history and philosophy of education: Ancient and medieval*. Englewood Cliffs: Prentice Hall.

Fa-Hsien, *Records of the Buddhist kingdoms or the travels of Fa-Hsien: 399-414 A. D.*, retranslated by H. A. Giles (1959). London: Routledge and Kegan Paul

Fletcher, B. (1968). *Universities in the modern world*. Oxford: Pergamon, Press.

Forbes, Major (1840). *Eleven years in Ceylon*. London; Richard Bentley, pp.215-216 and Williams, op. cit. p.79.

Frost, Jr. S. E. (1973). *Historical and philosophical foundations of western education*. Columbia: Charles E. Merrill Publishing Company.

Gamage, D. T. (1996). *Evolution of universities and changing patterns of governance and Administration*. Colombo: Karunaratne and Sons.

Gamage, D. T. (1991). South Asian precursors of the medieval and modern universities. *Perspectives in Education*, 7 (3), 137-153.

Gamage, D. T. (1985). The Asian forerunners of the medieval university in Europe. *Asian and Pacific Quarterly*, 16 (1), 26-37.

Gamage, D. T., & D'Cruz, V. (1990). Universities of ancient Asia and Africa and of medieval Europe: origins, administration and autonomy. *Educational Planning and Administration*, 4 (3), 59-64.

Heer, F. (1962). *The medieval world: Europe 1100-1350* (First published in German and English translation in 1962). London: Weidenfeld and Nicholson.

Holsted, G. B. (1912). *On the foundations of techniques of arithmetic*. Chicago.

Keay, F. E., & Karve, D. D. (1964). *A history of education in India and Pakistan*. Calcutta: Oxford University Press.

Mayer, F. (1973). *A history of educational thought.* Columbia: Charles E. Merrill Publishing Company.
Nehru, J. (1960). *The discovery of India.* New York: Double Bay and Company.
OECD. (1998). *Education at a glance OECD indicators.* Paris: OECD. (Organisation for Economic Co-operation and Development)
Rawat, P. L. (1965). *History of Indian education.* Agra: Ram Prasad and Sons.
Rawson, P. (1963). *Indian Asia.* Oxford: lsevier-Phaidon.
Rhys-Davids, T. W. (1959). *Buddhist India.* Calcutta: Susil Guptha Private Ltd.
Smith, W. A. (1880). *Ancient education.* New York: Philosophical Library Inc.
Smith, V. A. (1924). *The early history of India.* Oxford: Clarendon Press.
Smith, D. E. (1965). *Religion and politics in Burma.* Princeton: Princeton University Press.
Stapleton, M. (2000). *Provisional figures for 1998-DETYA.* Canberra.
Swann, W. (1966). *Lost cities of Asia.* London: Elek.
The revolt in the temple (1953). Colombo: Sinha Publications.
Williams, H. (1963). *Ceylon: Pearl of the east.* London: Robert Hale Ltd.
Wheeler, M. (1968). *The Indus civilization.* Cambridge: Cambridge University Press.
Woodcock, G. (1966). The Greeks in India. London: Faber and Faber.

第2章 中世の大学の発展と近代の大学への影響

Bechert, H. (1978). The beginnings of Buddhist historiography in Mahavamsa and political Thinking. In B. L. Smith, (Ed.), *Religion and legitimation of power in Sri Lanka.* Chambersburg: Anima Books.
Basham, A. L. (1973). The background to the rise of Parakrambahu I. In S.D. Saparamadu (Ed.), *Polonnaruwa Period.* Dehiwala: Tisara Prakashakayo.
Benjamin, H. R. W. (1965). *Higher education in the American republics.* New York: McGraw Hill.
Boyd, W., & King, E. J. (1975). *The history of western education.* London: Adam and Charles Black.
Brown, J. (1975). *A history of western education.* London: Mathuen and Co. Ltd.
Ceylon government archaeological survey (1904). *Epigraphia Zeylanica.* London.
Childe, G. V. (1964). *What happened in the east.* Baltimore: Penguin Books.
Childe, G. V. (1954). *New light on the most ancient east.* London: Routledge and Keagan Paul Ltd.
Davy, J. (1821). *An account of the interior of Ceylon and its inhabitants with travels in the island.* London: reprinted by Tisara Prakashakaya in 1983.
Eby, F., & Arrowood, C. F. (1940). *The history and philosophy of education.* Englewood Cliffs,

Prentice Hall.

Fletcher, B. (1968). *Universities in the modern world*. Oxford: Pergamon Press.

Flexner, A. (1930). *Universities: American, English, German*. New York: Harper and Raw Publishers.

Frost, Jr. S. E. (1973). *Historical and philosophical foundations of western education*. Columbus: Charles E. Merrill Publishing Company.

Gamage, D. T. (1996). *Evolution of universities and changing patterns of governance and administration*. Colombo: Karunaratne and Sons.

Grant, M. (1966). *Cambridge*. London: Weidenfeld and Nicolson.

Haskins, C. H. (1965). *The renaissance of twelfth century*. New York: the World Publishing Company.

Hawkes, J. (1973). *The First Great Civilizations*. London: Penguin Books.

Heer, F. (1962). *The medieval world: Europe 1100-1350*. London: Weidenfeld and Nicholson.

Horn, D. B. (1967). *A short history of the university of Edinburgh*. Edinburgh: The University Press.

Markhan, F. (1967). *Oxford*. London: Weidenfeld and Nicolson.

Michio, N. (1965). *Higher education in Japan*. Tokyo: Tokyo University Press.

Rashdall, H. (1895). *The universities of Europe in the middle ages*. Vol. I and II. London.

Schachner, N. (1962). *The medieval universities*. New York: A. S. Barnes and Co. Inc.

Silva, K. M. De. (1981). *A history of Sri Lanka*. Berkeley: University of California Press.

Smith, V. A. (1924). *The early history of India*. Varanasi: Nand Kishore Brothers.

Weiruszowski, H. (1962). *The medieval university*. Princeton: D Van Nostrand Co. Inc. 1962, p.154, a quote from Archivio Italiano per la storia della Pieta, 1, 1951, 233.

Wheeler, M. (1968). *The Indus civilization*. Cambridge: Cambridge University Press.

第３章　高等教育拡大にともなう英国の経験

Bird, R. (1994). Reflections on the British government and higher education in the 1980s. *Higher Education Quarterly*, 422, 73-85.

Halsey, A. H. (1963-64). Academic hierarchy: Robbins, appendix three. *Universities Quarterly*, 18, 129-135.

Halsey, A. H. (1957-58). British universities and intellectual life. *Universities Quarterly*, 12, 141-152.

James, D. G. (1956). University commentary. *Higher Education Quarterly*, 10 (2), 116-121.

Merrison, A. (1975). The education of ministers of state. *Higher Education Quarterly*, 3 (10), 2-14.

Moore, P. G. (1987). University financing 1979-1986. *Higher Education Quarterly*, 41 (1), 25-

42.

Morris, C. (1963-64). First reactions to the Robbins report. *Universities Quarterly*, 18, 9-16.

Morris, C. (1963-64). Review of 'the uses of the university'. *Universities Quarterly*, 18, 419-421.

Price, C. (1992). Elegant and democratic values: How will the new English universities get? *Higher Education Quarterly*, 4 (3), 243-251.

Shattock, M. (1994). Editorial: The white paper-Higher education: A new framework. *Higher Education Quarterly*, 45 (3), 201-203.

Shills, E. (1962). Observations on the American university. *Universities Quarterly*, 17, 182-193.

Simon, E. (1946-47). The universities and the government. *Universities Quarterly*, 1, 79-95.

Simon, E. (1955-56). Student numbers 1911 to 1971. *Universities Quarterly*, 10, 122-131.

Swinnerton-Dyer (1991). Policy on higher education and research. *Higher Education Quarterly*, 45 (3), 204-218.

Trow, M. (1987). Academic standards and mass higher education. *Higher Education Quarterly*, 41 (3), 268-292.

Trow, M. (1963-64). Robbins: A question of size and shape. *Universities Quarterly*, 18, 136-152.

Universities Quarterly (1946-47). Editorial: A historical document: Statement by the committee of vice-chancellors and principals. *Universities Quarterly*, 1, 189-191.

Venables, P. (1965-66). Dualism in higher education. *Universities Quarterly*, 20, 16-29.

Zukerman, S. (1958). The growth of higher education. *Universities Quarterly*, 12, 241-248.

第4章 オーストラリアの大学改革

Allen, M. (1988). *The goals of universities*. Milton Keynes, Society into Research in Higher Education: Open University Press.

Ashworth, A., & Harvey, R. (1994). *Assessing quality in further and higher education*. London: Jessica Kinglsley Publishers.

Askling, B. (1989). Structural uniformity and functional diversity. *Higher Education Quarterly*, 43 (4), 289-305.

Australia, Committee for Quality Assurance in Higher Education (1994). *Report on 1993 quality Reviews*. Canberra: AGPS.

Australia, Committee on the Future of Tertiary Education in Australia (1965). *Tertiary education in Australia* (Report to the Australian Universities Commission Martin Report). Melbourne: Government Printer.

Australia, Commonwealth Tertiary Education Commission (1986). *Efficiency and effectiveness in higher education*. Canberra: AGPS.

Australia (1995). *Higher education management review report of the committee of inquiry* (Hoare Committee Report). Canberra: AGPS.

Australia (1991). *Higher education: Quality and diversity in the 1990s*. Canberra: AGPS.

Australia (1991). *Performance indicators in higher education* (Linke Report). Canberra: AGPS.

Australia (1989). *Report of the task force in amalgamations in higher education*. Canberra: AGPS.

Australian Vice-Chancellors' Committee (1990). *Higher education for the 1990s: Summary of Policies*. Canberra: AVCC.

AVCC (1995). *Constitutions of the governing bodies of Australian universities*. Canberra.

Baldridge, V. J. (1971). *Power and conflict in the university*. New York: John Wiley.

Ball, C. (1985). What the hell is quality? In C. Ball (Ed.), *Fitness for purpose*, 96-102. The Society for Research in Higher Education, Guildford.

Becher, T., & Kogan, M. (1980). *Process and structure in higher education*. London: Heinemann Education Books.

Bessant, B. (1995). Corporate management and its penetration of university administration and government. *The Australian Universities Review*, 38 (1), 59-62.

Bourke, P. (1986). *Quality measures in higher education*. Canberra: Commonwealth Tertiary Education Commission.

Buchbinder, H. (1993). The Market oriented university and the changing role of knowledge. *Higher Education*, 26 (3), 331-147.

Croham, D. (1994). The restoration of trust between government and universities. *Minerva*, 32 (2), 196-200.

Dawkins, J. S. (1988). *Higher education: A policy statement* (White Paper). Canberra: AGPS.

Dawkins, J. S. (1987). *Higher education: A policy discussion paper* (Green Paper). Canberra: AGPS.

DEET & OECD (1993). *The transition from elite to mass higher education*. Proceedings of an international conference, Canberra: AGPS.

Goedegebuure, L. C. J., Kaiser, F., Maassen, P. A. M., Meek, V. L., Vught, F. A. Van, & Meert, E. De. (1994). *International perspectives on trends and issues in higher education policy*. Netherlands: University of Twente.

Goldworthy, A. (1993). Unified system is uniform route to mediocrity. *Campus Review*, 13 (28), 11.

Hoare Committee (1995). *Higher education management review report of the committee of inquiry*. Canberra: AGPS.

Kells, H. R. (1989). University self-regulation in Europe, the need for an integrated system of program review. *European Journal of Education*, 24, 299-308.

Kogan, M. (1988). Government and the management of higher education: An introductory review. *International Journal of Institutional Management in Higher Education*, 12 (1), 5-15.

Marshall, N. (1990). End of an era: The collapse of the 'buffer' approach to the governance of Australian tertiary education. *Higher Education*, 19, 147-167.

Meek, L. V., & Wood, F. Q. (1997). *Higher education governance and management: An Australian study*. Canberra: DEETYA.

McInnis, C., Powles, M., & Anwyle, J. (1995). Australian academics' perspectives on quality and accountability. *Tertiary Education and Management*, 1 (2), 131-139.

Ramsden, P., & Martin, E. (1996). Recognition of good university teaching: Policies from an Australian study. *Studies in Higher Education*, 21 (3), 299-315.

Shattock, M. (1996). *Tertiary education at the beginning of the twenty-first century*. Paris: OECD.

Street, L (Justice) (1967). *Benetts vs. board of fire commissioners of New South Wales and others* (weekly Notes), 87, 307-313.

Tideman, D. (1996). Call for reform in unwieldy university councils. *The Australian*, 20 March, p.23.

Trow, D. (1974). Problems in transition. *Politics for Higher Education*, 51-101. Paris: OECD.

Trow, M. (1994). Managerialism and academic profession: The case of England. *Higher Education Policy*, 7 (2), 11-18.

Wood, F. Q., & Smith, R. H. T. (1992). Governing bodies of 26 Australian universities. *Journal of tertiary education administration*, 14 (1), 61-74.

第5章 アメリカ高等教育の挑戦と今後の課題

Burke, C. B. (1983). The expansion of American higher education. In Jarausch, C. H. (Ed.), *The transformation of higher learning 1860-1930*, 67-116. Chicago: University of Chicago Press.

Drucker, P. F. (1997). An Interview on "Seeing Things as They Really are". *Forbes*, 159, 122-128.

Duderstadt, J. J. (1999). The twenty-first century university: A tale of two futures. In W. Z. Hirsch, and L. E. Weber, LE (Eds.), *Challenges facing higher education at the millennium*. Phoenix: American Council on Education, 37-35. Oryx Press.

Fuess, C. M. (1950). *The college board: Its first fifty years*. New York: Columbia University Press.

Goodchild, L. F., & Wechsler, H. S. (Eds). (1989). *ASHE reader on the history of higher education.* Needham Heights, Ginn Press.

Hofsttadter, R., & Smith, W. (Eds.). (1961). *American higher education: A documentary history* (2 vols). Chicago: University of Chicago Press.

Lucas, C. J. (1994). *American higher education: A history.* New York: St. Martin's Griffin.

Morrison, S. E. (1935). *The founding of Harvard college.* Cambridge, Mass: Harvard University Press.

Palmieri, P. A. (1987). From republican motherhood to race suicide: Arguments on the higher education of women in the United States 1820-1920. In C. Lasser (Ed.), *Coeducation in a changing world.* Urban: University of Illinois Press.

Rhodes, F. H. T. (1999). The new university. In W. Z. Hirsch & L. E. Weber (Eds.), *Challenges facing higher education at the millennium,* 161-166. Phoenix: American Council on Education, Oryx Press.

Rudolph, F. (1990). *The American college and university: A history.* Athens, Georgia: University of Georgia Press.

Shannon, S. (1982). Land grant college legislation and black Tennesseans: A case study in the politics of education. *History of Education Quarterly,* 22 (2), 139-158.

Tien, Chang-Lin (1999). Future challenges facing American higher education. In W. Z. Hirsch & L. E. Weber (Eds.), *Challenges facing higher education at the millennium,* 161-166. Phoenix: American Council on Education, Oryx Press.

Weaver, D. A. (1950). *Builders of American universities: Inaugural addresses.* Alton: Shurtleff Press.

Weber, L. E. (1999). Survey of the man challenging facing higher education in the new millennium. In W. Z. Hirsch & L. E. Weber (Eds.), *Challenges facing higher education at the millennium* (pp. 3-17). Phoenix: American Council on Education, Oryx Press.

Web-Site-http:/nces.ed.gov/pubs/ce/c9755a01.html

Web-Site-http:/necs.ed.gov/pubs99/indicator-60.html

West, A. F. (1884, February). Must the classics go. *North American Review,* 138, 152-159.

Williams, H. M. (1999). The economics of higher education in the United States: What can other developed countries learn from it? In W. Z. Hirsch & L. E. Weber (Eds.), *Challenges facing higher education at the millennium,* 65-72. Phoenix: American Council on Education, Oryx Press.

Wyllie, I. G. (1952). The businessman looks at the higher learning. *Journal of higher education,* 23 (2), 295-300.

第6章 大学のための戦略的リーダーシップとプランニング

Bailey, A., & Johnson, G.(1997). How strategies develop in organizations. In M. Preedy, R. Glatter & R. Levacic (Eds.), *Educational Management: Strategy, Quality and Resources*, 183-193. Buckingham: Open University Press.

Banghart, F. W., & Trull, A. (1973). *Educational planning*. New York: Macmillan.

Bangs, D. (1996). *The Australian business-planning guide*. Warriewood, NSW: Woodslane Pty Ltd.

Beare, H. (1995). New patterns for managing schools and school systems. In C. Evers & J. Chapman (Eds.), *Educational administration: An Australian perspective*, 132-152. Sydney: Allen & Unwin.

Boone, L. E., & Kurtz, D. L. (1987). *Management* (3rd Ed.). New York: Random House.

Bryson, J. M. (1990). A strategic planning process for public and non-profit organizations. In D. Boyle (Ed.), *Strategic service management*, 11-120. Oxford: Pergamon Press.

Boyd, B., Finkelstein, S., & Gove, S. (2005). How advanced is the strategy paradigm? The role of particularism and universalism in shaping research outcomes. *Strategic Management Journal*, 26 (x), 841-854.

Burns, I. (1978). *Leadership*, New York: Harper.

Bush, T., & Coleman, M. (2000). *Leadership and strategic management in education*. London: Paul Chapman Publishing.

Bush, T. (1998). Organizational culture and strategic management. In D. Middlewood & J. Lumby (Eds.), *Strategic management in schools and colleges*, 32-46. London: Paul Chapman.

Caldwell, B. (1998). Strategic leadership, resource management and effective school reform. *Journal of Educational Administration*, 36 (5), 445-461.

Cheng, Y. C. (2002). Leadership and strategy. In T. Bush & L. Bell (Eds.), *The principles and practice of. educational management* (51-69). London: Paul Chapman.

Crowther, F., & Limerick, B., (1997). *Riding the crest of the post-modern wave: multiple reality leadership*. Paper presented at the ACEA Conference (Canberra, July 9-12).

Cuttance, P. (1995). Quality assurance and quality management in education systems. In C. Evers, & J. Chapman (Eds.), *Educational Administration: An Australian Perspective* (296-316). St Leonards: Allen & Unwin.

Davies, B., & Ellison, L. (1998). Futures and strategic perspectives in school planning. *International Journal of Educational Management*, 12 (3), 133-140.

Dempster & Logan (1998). *Effective school leadership*. London: Sage Publications.

Elenkov, D., Judge, W. & Wright, P. (2005). Strategic leadership and executive influence: An international multi-cluster comparative study. *Strategic Management Journal*, 26, 665-682.

Elliot, D. (1999). Strategic leadership and management in schools. Iin M. Brundett (ed), *Principles of school leadership* (42-70). Norfolk, UK: Peter Francis.

Fidler, B. (2002) *Strategic management for school development; Leading your school's improvement strategy*. London: Paul Chapman.

Fidler, B. (1996). *Strategic planning for school improvement*. London: Pitman Publishing.

Fidler, B., & Bowles, G. (Eds.). (1989). *Effective local management of schools*. Essex; UK: Longman.

Finkelstein, S., & Hambrick, D. (1996). *Strategic leadership: Top executives and their effects on Organizations*. Minneapolis: West Publishing.

Flavel, R., & Williams, J. (1996). *Strategic management: A practical approach*. Sydney: Prentice Hall.

Foskett, N. (2003). Strategy, external relations and marketing. In M. Preedy, R. Glatter, & C. Wise (Eds.), *Strategic leadership and educational improvement*, 125-141. Buckingham: Open University Press.

Furse, J. (1989). Marketing in primary school. In B. Fidler & G. Bowles (Eds.), *Effective local management of schools*. London: Longman.

Gamage, D. T. (2006). *Professional development for leaders and managers of self-governing schools*, Dordrecht: Springer.

Gamage, D. T. (2005). A comparative study of pofile, entry perspectives and professional development of school leaders in Australia, Japan and the USA. *Journal of Educational Planning and Administration*, 19 (10), 67-88.

Gamage, D. T., & Mininberg, E. (2003). The Australian and American Higher Education: Key issues of the first decade of the 21st century. *Higher Education*, 45 (2), 183-201.

Geijsel, F., Sleegers, P., & Van Den Berg, R. (1999). Transformational leadership and the implementation of large-scale innovation program. *Journal of Educational Administration*, 37 (4), 309-328.

Hambrick, D. C., & Finkelstein, S. (1987). Managerial descretion-A bridge between polar views of organizational outcomes, *Research in Organizational Behavior*, 9, 369-406.

Harman, G., Beare, H., & Berkeley, G. F. (1991). *Restructuring school management: Administrative organization of public school governance in Australia*, Canberra: The Australian College of Education

Hatton, E. J. (2002). Charles Sturt University: A case study in institutional amalgamation, *Higher Education*, 44 (1), 5-27.

Herbert, T. T. (1999). Multinational strategic planning: Matching central expectations to local realities. *Long Range Planning*, 32 (1), 81-87.

Hofer, C., & Schendel, D. (1978). *Strategy Formulation: Analytical concepts*, Minneapolis: West

Publishing.

House, R., & Aditya, R. (1997). The social scientific study of leadership: Quo vadis? *Journal of Management*, 23 (3), 409-473.

Johnson, G., & Scholes, K. (2003). Understanding strategy development. In M. Preedy, R. Glatter & C. Wise, (Eds.). *Strategic leadership and educational improvement*, 142-156. Buckingham: Open University Press.

Law, S., & Glover, D. (2000). *Educational leadership and learning: Practice, policy and research*. Buckingham: Open university Press.

Lengnick-Hall, C. & Wolff, J. (1999). Similarities and contradictions in the core logic of three strategies research streams. *Strategic Management Journal*, 20, 1109-1132.

Leithwood, D., Jantzi, D., & Steinback, R. (2003). Fostering teacher leadership. In N. Bennet, M. Crawford & M. Cartwright. (Eds.), *Effective educational leadership*, 186-200. London: Paul Chapman Publishing.

Likert, R. (1967). *The human organization: Its management and values*. New York: McGraw-Hill.

Lumby, J. (2002). Vision and strategic planning. In T. Bush & L. Bell (Eds.), *The principles and practice of educational management* (86-100). London: Paul Chapman.

Martin, J., Mckeown, P., Nixon, J., & Ranson, S. (2000). Community active management and governance of schools in England and Wales, In M. Arnottar land C. Roab (Eds.), *Govenance of schooling: Comparative studies of developed management* (119-137). London: Routledge.

Mestry, R., & Grobler, B. (2004). The training and development of principals to manage school effectively using the competence approach. *Journal of International Studies in Educational Administration*, 32.

Mestry, R., & Grobler, B. (2002). The training and development of principals in the management of educators. *International Studies in Educational Administration*, 30, 21-34.

Middlewood, D., & Lumby, J. (1998). *Strategic management in schools and colleges*. London: Sage Publications.

McGregor, D. (1960). *The human side of the enterprise*. New York: McGraw-Hill.

Mullen, C. A., & Kochan, F. K. (2000). Creating a collaborative leadership network: An organic view of change. *International Journal of Leadership in Education*, 3 (3), 183-200.

Nash, N., & Culbertson, J. (1977). *Linking processes in educational improvement: Concepts and applications*. Columbus: University Council for Educational Administration.

National Audit Office (1997). Linking strategic planning with the budgetary process. In M. Preedy, R. Glatter & R. Levacic (Eds.), *Educational management: Strategy, quality and resources* (pp.194-204). Buckingham: Open University Press.

Parsons, T., & Platt, G. (1973). *The American University*. Cambridge, MA: Harvard University

Press.

Pettigrew, A. (1988). *The Management of strategic change*. New York: Basil Blackwell Ltd.

Preedy, M., Glatter, R., & Wise, C. (2003). *Strategic leadership and educational improvement*. Buckingham: Open University Press.

Quong, T., Walker, A., & Stott, K. (1998). *Values based strategic planning: A dynamic approach for schools*. Singapore: Prentice Hall.

Seneviratne, R (2006, February 28). Universities without Borders. *Daily News*. Colombo.

Townsend, T. (1996). *Effective schooling for the community*. London: Loutlege.

Timmons, J. A. (1999). *New venture creation: Entrepreneurship for the 21st century* (5th ed.). Chicago: Irwin.

Weindling, D. (1997). Strategic planning in schools: Some practical techniques. In M. Preedy, R. Glatter, & R. Levacic (Eds.), *Educational management: Strategy, quality and resources* (pp.218-233). Buckingham: Open University Press.

Welch, M. (1998). Collaboration: Staying on the Bandwagon. *Journal of Teacher Education*, 49 (1), 26-35.

Yukl, G. (1998). *Leadership in organizations* (4th ed). Englewood Cliffs: Prentice Hall.

第7章 TQMの高等教育への応用とその影響

Barnett, R. (1997, May). Still breathing: Are universities on their deathbeds? *THES, 3*, 10-13.

Bettman, J. R., & Park, C. W. (1980). Effects of prior knowledge and experience and phase of the choice process on consumer decision processes: a protocol analysis. *Journal of Consumer Research, 7* (3), 234-248.

Bonser, C. (1992). Total quality education. *Public Administration Review, 52* (5), 504-512.

Bonstingl, J. J. (1992). *Schools of quality: An introduction to total quality management in Education*. Alexandria, VA: Association for Supervision and Curriculum Development.

Cheng, Y. C., & Tam, M. M. (1997). Multi-models of quality in education. *Quality assurance in Education, 5* (1), 22-31.

Corts, T. E. (1992). Customers: You can't do without them. In J. W. Harris and M. Baggett (Eds.), *Quality quest in the academic process*. Bermingham: Samford University.

Cronin, J. J., & Taylor, S. A. (1992). Measuring service quality. *Journal of Marketing, 56* (7), 55-68.

Crosby, P. B. (1979). *Quality is free: The art of making quality certain*. New York: McGraw Hill.

Dahlgaard, J. J., Kristensen, K., & Kanji, G. K. (1995). Total quality management and education. *Total Quality Management, 6* [5 & 6], 445-455.

Deming, W. E. (1986). *Out of crisis: Quality, productivity and competitive position*. Cambridge: Cambridge University Press.

Doherty, G. (1994). Can we have a unified theory of quality? *Higher Education Quarterly, 48* (4), 241-255.

Eaton, J. S. (2001). Accreditation and quality in the United States: Practice and pressure. In D. Dunkerley & W. S. Wong (Eds.), *Global perspectives on quality in higher education*, 91-105. Burlington, VT: Ashgate.

Gamage, D. T., & Mininberg, E. (2003). The Australian and American higher education: Key issues of the first decade of the 21st century. *Higher Education, 45* (2), 183-201.

Gamage, D. T. (2002). Recent reforms, current issues and policy directions in the Australian and Japanese university systems. *World Studies in Education, 3* (2), 119-136.

Gamage, D. T., & Ueyama, T. (2001). The American system of higher education: Current issues, challenges and trends. *Studies in International Relations, 21* (4), 267-292.

Gopinathan, S., & Morris, S (1997). Trends in university reforms in the context of massification. *RIHE International Seminar Reports*, 1 (x), 55-71.

Gordon, G. (1993). Quality assurance in higher education: progress achieved and issues to be addressed. *Quality Assurance in Education*, 1 (3), 15-20.

Harvey, L., & Green, D. (1993). Defining quality. *Assessment and evaluation in higher education, 18* (1), 9-34.

Harvey, L. (1995). Student satisfaction. *Review of Academic Librarianship*, 1 (1), 161-173.

Hill, F. M. (1995). Managing services quality in higher education: the role of the student as primary consumer. *Quality Assurance in Education*, 3 (3), 10-21.

Hudson, P. & Thomas, H. (2003). Quality Assurance in higher education: Fit for the new millennium of simply year 2000 complaint? *Higher Education*, 45 (3), 375-387. http://www.auqa.edu.au

Kerr, C. (1987). A critical age in the university world: Accumulated heritage versus modern imperatives. *European Journal of Education, 22* (2), 183-193.

Kotler, P. & Fox, K. (1985). *Strategic marketing for educational institutions*. Englewood Cliffs: Prentice Hall.

Mergen, E., Grant, D., & Widrick, M. S (2000). Quality management applied to higher education. *Total Quality Management*, 11 (3), 345-352.

Miller, J. W. (1996). A working definition for total quality management (TQM) researchers. *Journal of Quality Management*, 1 (2), 149-159.

Ministry of University Affairs (1998). *The eighth national education development plan (1997-2001)* Bangkok: Nitikul Publishing.

Morgan, C., & Murgatroyd, S. (1994). *Total quality management in public sector: an international Perspective*. Buckingham: Open University Press.

Muller, D., & Funnell, P. (1992). Initiating change in further and vocational education:

The quality approach. *Journal of Further and Higher Education, 16* (1), 41-49.

Newby, P. (1999). Culture and quality in higher education. *Higher Education Policy, 12* (3), 261-275.

Office of the National Education Commission (2001). *Higher development education plan.* Bangkok: Office of the National Education Commission.

Oliver, R. L. (1980). A cognitive model of the antecedents and consequences of satisfaction decisions. *Journal of marketing research, 17* (4), 460-469.

Ouchi, W. (1981). *Theory Z: How American business can meet the Japanese challenge.* Reading, MA: Addison-Wesley.

Owlia, M., & Aspinwall, E. (1996). Quality in higher education: a survey. *Total Quality Management, 7*, 161-171.

Porter, P. (2000). Globalization and higher education policy. *Educational Theory, 50* (4), 449-465.

Rowley, J. (1997). Beyond service quality dimensions in higher education and towards a service contract. *Quality Assurance in Education, 5* (1), 7-14.

Rust, R. T., & Oliver, R. L. (1994). Service quality: Insights and managerial implications from the frontier. *International management, 35* (4), 12-18.

Sallis, E. (1993). *Total quality management in education.* Philadelphia: Kogan Page.

Seymour, D. T. (1992). *On Q: Causing quality in higher education.* New York: Macmillan.

Shemwell, D. J., Yavas, U., & Bilgin, Z. (1998). Customer-service provider relationships: An empirical test of a model of service quality, satisfaction and relationship oriented outcome. *International Journal of Service Industry Management, 9*, 155-168.

Spreng, R. A., & Mackoy, R. D. (1996). An empirical examination of a model of perceived service quality and satisfaction. *Journal of Retailing, 72* (2), 201-214.

Suwarnabroma, J. (2004). *Core-criteria for quality assurance: An exploration of students' perceptions of service quality in Thai higher education.* Unpublished doctoral dissertation, University of Newcastle, Australia.

University Grants Committee of Hong Kong (1996). *Higher Education in Hong Kong: A report.* Hong Kong: Government Printer.

Vargo, E. (1998, Summer). Thailand's economic crisis slows down public and private higher education. *International Higher Education, 18*, 23-25.

Vazzana, G. Elfrink, J., & Bachmann, P. D. (2000). A longitudinal study of total quality management in business college. *Journal of Education for Business, 76* (2), 69-74.

Vroeijenstijn, A. L. (1995). *Improvement and accountability: Navigating between Scylla and Charybdis.* London: Jessica Kingsley.

Walden, G. (1996). *We should know better: Solving the education crisis.* London: Fourth Estate.

Welsh, F. J., Alexander, S., & Dey S., (2001). Continuous quality measurement: restructuring assessment for a new technological and organizational environment. A*ssessment & evaluation in Higher Education, 26* (5), 391-401.

Wilkinson, A. & Witcher, B. J. (1991). Fitness for use? Barriers to full TQM in the UK. *Management Decision*, 29 (8), 46-51.

Yonezawa, A. (1998, Fall). Further privatization in Japanese higher education. *International Higher Education*, 13 (x), 20-22.

Yonezawa, A. (2002). The quality assurance system and market forces in Japanese higher education. *Higher Education, 43* (2), 127-139.

Yorke, M. (1992). Quality in higher education: A conceptualization and some observations on the implementation of sect oral quality system. *Journal of Higher Education, 16* (2), 90-103.

第8章 大学のイメージ改善に寄与する学生サービス

Archer, J. Jr. , & Cooper, S. (1998), *Counseling and mental health services on campus: A handbook of contemporary practices and challenges.* San Francisco: Jossey-Bass.

Bitner, M. J. (1992, April), Servisescapes: The impact of physical surroundings on customers and employees. *Journal of Marketing*, Vo.56, 57-71.

Cook, C., & Heath, F. (2001). Users' perceptions of library service quality: A LIBQUAL+ qualitative study. *Library Trends*, 49 (4), 548-585.

Cooper, D. L., Healy, M. A., & Simpson, J. (1994), Student development through involvement: Specific change over time. *Journal of College Student Development*, 29, 218-223.

Gordon, L. (1992), The state, devolution and educational reform in New Zealand. *Journal of Education Policy*, 7, 187-203.

Gatfield, T. (2000). A scale of marketing for higher education. *Journal of Marketing for Higher Education*, 10 (1), 27-41.

Geraghty, M. (1997), Finances are becoming more crucial in students' college choice: Survey funds. *Chronicle Higher Education*, 3, 19-25.

Harvey, L. (1995). Beyond TQM, *quality in higher education*, 1 (2), 123-145.

Hill, R. (1995). A European student perspective on quality. *Quality in Higher Education*, 1 (1), 67-74.

House, J. D. (2000). The effect of student involvement on the development of academic self-concept. *Journal of Social Psychology*, 140, 261-263.

Hoyt, E. J., & Brown, B. A. (2003). Identifying college choice factors to successfully market your Institution. *College and University*, 78 (4), 3-11.

Hutton, J. D., & Richardson, L. D. (1995). Healthscapes: The role of the facility and physical environment on consumer attitudes, satisfaction, and behaviors. *Health Care Management Review*, 20 (2), 48-61.

Kakwani, N., & Pothong, J. (1999), Impact of economic crisis on the standard of living in Thailand. *Indicators of well-being policy analysis: The national economic and social development bank and the Asian Development Bank*, 15, 10-20.

Kazoleas, D, Kim, Y., & Moffit, M. A. (2001). Institution image: A case study, corporate communication, *An International Journal*, 6 (24), 205-216.

Lockhart, B. (1997). Motivational factors in the choices of post doctoral general density programs. *Journal of Dental Education*, 6, 297-304.

Logrosen, S., Seyyed-Hashemi, R., & Leitner, M. (2004), Examination of the dimension of quality in higher education. *Quality assurance in Higher Education*, 12 (2), 61-69.

Lowman, J. (1994). Professors as performers and motivators. *College Teaching*, 42, 137-141.

Nguyen, N., & LeBlanc, G. (2001), Image and reputation of higher education institutions in student's retention decisions. *The International Journal of Educational Management*, 15 (6), 303-311.

Office of the National Education Commission (ONCE) (1997), *Education in Thailand 1996/1997*. Office of the National Commission: Kurusapa Lardprao Press, Thailand.

ONCE (2003). *Education in Thailand 2002/2003*. Office of the National Education Commission: Kuruspa Lardprao Press, Thailand.

Oldfield, B. M., & Baron, S. (2000). Student perceptions of service quality in a UK university business and management faculty. *Quality Assurance in Education*, 8 (2), 85-95.

O'Sullivan, K., & Tajaroensuk, S. (1997). *Thailand: A book in intercultural community*. The National Centre for English Language Teaching and Research Macquarie University, Sydney.

Prangpatanpon, S. (1996). Higher education in Thailand: Traditional and bureaucracy. *International Higher education*, 6, 14-16.

Rautopuro, J., & Vaisanen, P. (2000, September). Keep the customer satisfied: A longitudinal study of students' emotion, experiences and achievements at the Unversity of Joensuu. Paper presented at the European Conference on Educational Research, Edinburgh, UK.

Shinawatra, T. (2003). Higher education development policy. *Thai Higher Education Review*, 1 (3), 2-4.

Shutte, H., & Ciarlante, D. (1998). *Customer behaviours in Asia*. Hampshire, UK: Macmillan.

Tanner, C. K. (2000), The influence of school architecture on academic achievement. *Journal of Educational Administration*, 38 (4), 309-333.

Terenzini, P. T., Pascareela, E. T., & Bliming, G. S. (1996), students' out of class experiences and their influence on learning and cognitive development. *Journal of College Student Development*, 37 (2), 149-162.

Thomas, M. (2001), Cross cultural examination of depression expression and help-seeking behavior. *Journal of College Counselling*, 4 (1), 39-49.

University of Newcastle (2005). *Financial assistance for studies at Newcastle*. Callaghan: The University Press.

Vargo, E. (2000), Economic crisis and privatization in Thai universities. *International Higher Education*, 18, 23-27.

Webb, M. S. (1996), Doctoral programs: What factors attract students. *Journal of Marketing for Higher Education*, 7, 73-85.

第9章　優れた博士論文作成に向けた指導

Altbatch, P. G., Kelly, D. H., & Lulat, T. (2005). *Research on Foreign Students and International Study*. New York: Prager.

Alport, F. & Eysell, T. H. (1995). Getting the most from your doctoral program; Advice for the PhD student in finance. *Journal of Financial Education*, 21, 12-20.

Baldacchino, G. (1994). Reflections on the status of a doctoral defense. *Journal of Graduate Education*, 1 (3), 71-76.

Carpenter, D. R., & Hudecek, S. (1996). *On doctoral education in nursing: The voice of the student*. New York: National League for Nursing Press.

Davis, G. B., & Baker, C. A. (1979). *Writing the doctoral dissertation: A systematic approach*. New York: Barron's Education Series.

Gurr, G. M. (2001). Negotiating the rackety bridge A dynamic model of aligning supervisory style with research student development. *Higher Education and Research Development*, 20 (1), 81-92.

Harley, J., & Fox, C. (2002). The viva experience: Examining the examiners. *Higher Education Review*, 35 (1), 24-30.

Park, C. (2003). Leveling the playing field: towards best practice in the doctoral viva. *Higher Education Review*, 36 (1), 24-44.

Gatfield, T. (2005). An investigation into supervisor management styles: Development of a dynamic conceptual model and its managerial implications. *Journal of Higher Education Policy and Management*, 27 (3), 311-326.

■著者紹介

デイヴィッド T. ガマゲー　（David T. Gamage）

　スリランカを母国とし、現在、オーストラリアのニュー・サウス・ウェールズ州にあるニューキャッスル大学（University of Newcastle）、教育学部大学院教授（Professor）で、教育のリーダーシップとマネジメント分野の講座を担当している。また、2010年末まで、MLMEd（Master of Leadership and Management in Education）プログラムのディレクターでもあった。

　スリランカのヴィジョダヤ（Vidyodaya）大学から文学士（行政学専攻）、同国コロンボ（Colombo）大学から経済学修士号を取得した後、英国ニューイングランド（New England）大学から教育学修士号を、後に、オーストラリアのラ・トロベ（La Trobe）大学から博士号（教育行政）を取得している。

　大学での教授・研究に加え、高等教育機関での職務経験も豊富である。コロンボ大学とジャワルデネプラ大学では、事務局長補佐（Assistant Registrar）、コロンボ大学では、後に上級事務局長補佐（Senior Assistant Registrar）に就任している。コロンボ・オープン・ユニヴァーシティに移ってからは、秘書兼事務局長（Secretary and Registrar）に就いていた。この職務経験と、スリランカ、イギリス、オーストラリアでの教育と研究者としての経験とが相まって、彼の教育経営、教育組織についての考え方を生み出していると思われる。

　さらに、海外でも精力的に活動しており、カナダのマニトバとアルバータ両大学、カリフォルニア大学バークレー校ならびにサンフランシスコ校、インドのデリー大学、南アフリカのケープタウン大学、ロンドン大学、スウェーデンのストックホルム大学、広島と名古屋両大学、スリランカ国立教育研究所、北京大学など、30以上に及ぶ大学で講義、共同研究、講演やセミナーを行い、コンサルタントとしても現場で指導を行っている。

　また、学校に基礎を置く経営、教育行政とリーダーシップ、比較教育学、高等教育の研究分野で多くの研究論文を国際研究ジャーナルに発表してきたが、研究書の出版も現在までに10冊を数える。2003年に出版した『Leadership and Management in Education: Developing Essential Skills and Competencies』（Chinese University Press, Hong Kong）は、彼の経験と理論の融合を試みた書で、上述した彼の独自性を垣間見ることができる。また、1996年に発表した『Evolution of Universities and Changing Patterns of Governance and Administration』（Karunaratne and Sons, Sri Lanka）では、ヨーロッパ、アメリカの研究者による研究結果や彼らが扱った資料に加え、東洋関連の資料にもとづいた分析を行い、高等教育組織の発展を歴史的に検証している。

　最近の著書には、『Handbook of Asian Education: A Cultural Perspectives』（編者）（2010, Routledge, London）、『Decentralization and School-Based Management』（2009, Springer, US & England）、『Leading and Management 21st Century Schools for Improved Student Performance』（2009, McGraw Hill, Australia）、『School Based

Management is an Alternative Path towards the Creation of Better Schools』(2009, Center for Education Professional Competencies Development, Sri Lanka)、『How to Develop Our Skills and Competencies for Leading and Managing Schools for a Better Future』(2008, Ministry of Education, Sri Lanka)、『The Secrets of Successful Scholarly Publishing in International Journals』(2007, James Nicholas, Australia)、『Professional Development for Leaders and Managers of Self-Governing Schools』(2006, Springer, US & England) などがある。

植山　剛行　（ウエヤマ　タケユキ）［訳者］

　日本大学博士前期課程修了（修士号）。博士後期課程（教育学専攻）満期退学。ユタ大学教育大学院、教育学修士号、博士号（教育行政）を取得。ユタ大学研究助手、サウス・カロライナ大学講師・助教授、日本大学准教授、文京学院大学講師を経て、現在ブルネイ・ダラサラーム大学、教育大学院（The Sultan Hassanal Bolkiah Institute of Education, Universiti Brunei Darussalam）、准教授（Associate Professor）、「リーダーシップと学校改善」プログラムに所属、同大学院研究担当、研究ジャーナル「The Journal of Applied Research in Education（JARE）」の編集者（Editor）。

　最近の著作：共著（2010）"Values, Roles, Visions and Professional Development in the Twenty first Century: Australian and Japanese Principals Voice Their Views." In J. Zajda & D. Holger. (Eds.). *Global Pedagogies: Schooling for the Future*, Dordretch, Springer；共著（2010）"A comparative study of the total quality management（TQM）approaches to student services at private universities in Japan and Thailand," *Education, Language, and Economics Growing National and Global Dilemmas*, edited by M. Geo-Jala and S. Maihanovich, Sense Publisher（A publication of World Congress for Comparative Education Societies）；共著（2009）"Australia and Japanese principals voice their views on basic values, roles, visions and professional development," *World Studies in Education*, James Nicholas Publisher；単著（2009）『英語教育改善のためのプログラム開発とマネジメント：すべての学生の英語力向上をめざして』大学教育出版など。

高等教育機関の発展
―グローバルな視点からのアプローチ―

2012 年 9 月 20 日　初版第 1 刷発行

■著　者────D・ガマゲー／植山剛行
■訳　者────植山剛行
■発 行 者────佐藤　守
■発 行 所────株式会社 大学教育出版
　　　　　　　〒700-0953　岡山市南区西市 855-4
　　　　　　　電話 (086) 244-1268　FAX (086) 246-0294
■印刷製本────サンコー印刷㈱

Original title: DEVELOPMENT OF HIGHER EDUCATION INSTITUTIONS : GLOBAL PERSPECTIVES
© David T. Gamage & Takeyuki Ueyama 2012, Printed in Japan
検印省略　　落丁・乱丁本はお取り替えいたします。
無断で本書の一部または全部を複写・複製することは禁じられています。
ISBN978-4-86429-162-0